Stefan Mantel

NLP
in der Arbeit mit
geistig behinderten
Menschen

1. Auflage, September 2014

Copyright © 2014 Stefan Mantel, Berliner Str. 9, 10715 Berlin

ISBN-13: 978-1500961640

ISBN-10: 1500961647

Inhaltsverzeichnis

Einleitung   4

1 NLP – Was ist das   6

2 Den geistig behinderten Menschen verstehen   9
  2.1 Der Mensch und seine Landkarte   11
  2.2 Jedes Verhalten macht Sinn   14
  2.3 Die positive Absicht jedes Verhaltens   18
  2.4 Die Wahlmöglichkeiten   20

3 Im Kontakt mit dem geistig behinderten Menschen   22
  3.1 Das T.O.T.E-Modell   24
  3.2 Es gibt keine Fehler – nur Feedback   27
  3.3 Absicht versus Verhalten   30
  3.4 Rapport   31
  3.5 Verbale Deeskalation   34

4 Die Planung eines Konzepts   48
  4.1 Das S.C.O.R.E.-Modell   49
  4.2 Die Logischen Ebenen   52
  4.3 Das Konzept   55
    4.3.1 Die Bestandsaufnahme und Zielformulierung 58
    4.3.2 Die Maßnahmenplanung   76
    4.3.3 Effects/Ökologiecheck   84

Nachwort   85
Literaturverzeichnis   86
Anhang: Arbeitsblätter zur Konzeptentwicklung   89

Einleitung

Das vorliegende Buch richtet sich an alle, die in ihrem beruflichen Alltag mit geistig behinderten Menschen arbeiten und möchte Ihnen hierfür einige neue Impulse geben. Es soll dabei als Ideengeber verstanden werden und nicht als dogmatischer So-und-nicht-anders-ist-es-richtig-Ratgeber. Auch beansprucht dieses Büchlein nicht, die vorgestellten Modelle und Gedanken bis ins kleinste Detail darzustellen. Es soll vielmehr Lust auf mehr machen: Lust auf den Einsatz von NLP-Grundhaltungen und -techniken in der Arbeit mit geistig behinderten Menschen. Nehmen und benutzen Sie diejenigen Gedanken und Modelle, die Ihnen nützlich erscheinen. Probieren Sie sie in Ihrem Arbeitsalltag aus, und lassen Sie sich überraschen, was passiert.

Wenn Ihnen dieses Buch gefällt, empfehlen Sie es Freunden und vor allem Kolleginnen und Kollegen. Sollten Ihnen bestimmte Gedanken oder Haltungen fremd erscheinen oder konnten Sie einige Ideen besonders gut in Ihrer Arbeit umsetzen: ich würde mich über Ihr Feedback freuen.

Das Buch besteht aus vier Teilen. Es beginnt mir einer kurzen Einführung in die Geschichte und die inhaltlichen Ursprünge des Neurolinguistischen Programmierens (NLP). Im zweiten Kapitel werden einige grundlegende Gedanken und ihre Anwendung in der Arbeit mit beeinträchtigten Menschen dargestellt. Im dritten Kapitel geht es um die Gestaltung des Kontakts mit dem beeinträchtigten Menschen. Hier ist auch der Umgang mit hocherregten Personen und drohenden Fremdaggressionen Thema. Den Abschluss bildet das Kapitel über die Erstellung eines langfristigen Konzepts.

Ich wünsche Ihnen viel Spaß beim Lesen!

Stefan Mantel
Berlin, im September 2014

1 NLP – Was ist das?

Das Neurolinguistische Programmieren (NLP) wurde in den siebziger Jahren des letzten Jahrhunderts in den USA von seinen zwei Hauptbegründern Richard Bandler (Mathematiker) und John Grinder (Linguist) entwickelt. Die beiden machten es sich zur Aufgabe, herauszufinden, was erfolgreiche Menschen von weniger erfolgreichen unterscheidet. Zu diesem Zweck analysierten sie die Arbeitsweise von drei zur damaligen Zeit sehr erfolgreichen Therapeuten: die Familientherapeutin Virginia Satir, den Begründer der Gestalttherapie Fritz Pearls und den Hypnotherapeuten Milton Erickson. Sie fanden heraus, dass alle drei in ihrem Vorgehen Gemeinsamkeiten hatten, durch die sie sich von anderen – weniger erfolgreichen – Therapeuten unterschieden. Und dies, obwohl jeder von ihnen einen völlig anderen theoretischen Background hatte und sie unterschiedlichen therapeutischen Schulen angehörten. NLP ist also durch das Zusammentragen von bereits bestehenden Interventionen unterschiedlichster Therapieschulen entstanden. Es ist kein in sich geschlossenes System, sondern vielmehr eine Ansammlung hochwirksamer Kommunikationsmodelle und Interventionsmuster.

Der etwas irreführende Name Neurolinguistisches Programmieren deutet nicht auf den Beruf von Richard Bandler, der sich mit Computern beschäftigte, hin. Vielmehr steht jedes der drei Worte für einen Aspekt:

Neuro: NLP beschäftigt sich mit der Funktionsweise unseres Gehirns. Hierbei sind von besonderem Interesse die Wahrnehmung mit unseren fünf Sinnen (Sehen, Hören, Fühlen, Riechen, Schmecken) und die Verarbeitung der

Informationen.

Linguistisch: Unsere Sprache spiegelt unser Erleben wider. Unsere Art zu sprechen gibt Aufschluss über unsere Persönlichkeit, unsere innerpsychischen Strukturen und unsere Verhaltensweisen. Die Sprache ist das Medium, über das wir mit anderen in Kontakt treten. Die Beschäftigung mit Sprache bzw. Kommunikation ist ein Hauptbestandteil des Neurolinguistischen Programmierens.

Programmieren: Programmieren bezieht sich auf die Möglichkeit, Veränderungen unserer inneren Programme, unserer Denk- und Verhaltensmuster vornehmen zu können. Hierbei geht es nicht – wie dem NLP häufig vorgeworfen wird – darum, das Gegenüber zu manipulieren, um einen eigenen Vorteil herauszuschlagen. Vielmehr sehe ich die Aufgabe verantwortungsvoller NLP-Nutzer darin, den anderen darin zu unterstützen, seine eigenen Ziele zu entwickeln und ihn bei deren Umsetzung zu unterstützen.

NLP nur als einen Werkzeugkoffer an Methoden zu sehen würde zu kurz greifen. Vielmehr verbirgt sich dahinter eine Grundhaltung der Welt und den Menschen gegenüber. Diese Haltung hat ihren Ursprung in unterschiedlichen psychologischen Strömungen, die allesamt dem lösungsorientierten, kurzzeittherapeutischen Spektrum zuzuordnen sind. Zu nennen ist hier vor allem die von Steve de Shazer und Insoo Kim Berg in den siebziger Jahren entwickelte Solution Focussed Brief Therapy (SFBT). Hierbei wird anders als z.B. in der Psychoanalyse weniger auf Probleme und deren Entstehung geschaut, sondern ausschließlich auf deren Lösung. Die Blickrichtung ist die Zukunft, weniger die Vergangenheit. Viele Ideen hat NLP aus dem Konstruktivismus übernommen. Paul Watzlawick, ein wichtiger Vertreter dieser Richtung, geht davon aus, dass es nicht die objektive Wahrheit gibt, sondern sich jeder Mensch seine eigene Wahrheit konstruiert. Der radikale Konstruktivismus besagt, „dass eine Wahrnehmung niemals ein Abbild der Realität liefert, sondern immer eine Konstruktion aus Sinnesreizen und Gedächtnisleistung eines Individuums ist. Deshalb ist Objektivität im Sinne einer Übereinstimmung von wahrgenommenem (konstruiertem) Bild und Realität unmöglich; ausnahmslos jede Wahrnehmung ist subjektiv." (http://de.wikipedia.org/wiki/Radikaler_Konstruktivismus)

An dieser Stelle möchte ich den kurzen Abriss über das Neurolinguistische Programmieren beenden. Sollten Sie sich hierfür interessieren, gibt es auf dem deutschsprachigen Markt mittlerweile gute Einführungsbücher. Das nächste Kapitel beschäftigt sich damit, welchen Beitrag NLP leisten kann, einen geistig beeinträchtigten Menschen und seine Verhaltensweisen zu verstehen.

2 Den geistig behinderten Menschen verstehen

Welchen Beitrag kann NLP leisten, um geistig beeinträchtigte Menschen in ihrer Individualität und Besonderheit zu verstehen? Dies ist aus meiner Sicht ein zentraler Punkt in der Arbeit mit geistig behinderten Menschen: Ein grundlegendes Verständnis des Anderen ist die Basis für eine erfolgreiche und für beide Seiten positive und produktive Zusammenarbeit.

Der bekannte Psychiater Klaus Dörner schreibt hierzu: „Beim geistig Behinderten ist es besonders klar: Die Haltung 'Ich verstehe dich' ist unmöglich. Der Andere ist zu fremd. (...) Also ist nur die Haltung möglich: 'Ich verstehe dich nicht, aber vielleicht – innerhalb unserer Beziehung – verstehe ich mich auf dich.'" (Dörner & Plog, 2000, S. 79) In der Arbeit mit geistig behinderten Menschen hat sich immer wieder gezeigt, dass diese gerade dann besonders förderlich und konstruktiv wurde, wenn bei den professionell tätigen Betreuungskräften die eben beschriebene Haltung und ein Grundverständnis für die Andersartigkeit des Anderen vorhanden waren.

Das folgende Kapitel soll einen Beitrag dazu leisten, den geistig beeinträchtigten Menschen in seiner Andersartigkeit wahrzunehmen und in seinem Anderssein zu akzeptieren. Hierbei sind einige Grundannahmen des NLP hilfreich. Sie werden zunächst vorgestellt und dann ausführlich erläutert.

1) **Der Mensch und seine Landkarte:** Jeder Mensch ist einzigartig und erlebt die Welt auf seine eigene, individuelle Weise. Dadurch hat jeder im Laufe seines Lebens seine einzigartige geistige Landkarte entwickelt. Menschen orientieren sich in ihrem Handeln und bei ihren Entscheidungen an dieser geistigen Landkarte und nicht an der Welt an sich.

2) **Jedes Verhalten macht Sinn:** „Jedes menschliche Verhalten ergibt einen Sinn, wenn es im Kontext der geistigen Landkarte der betreffenden Person betrachtet wird." (DVNLP e.V., 2006, S. 20)

3) **Die positive Absicht jedes Verhaltens:** Jedes gezeigte Verhalten stellt für den jeweiligen Menschen die beste zu diesem Zeitpunkt zur Verfügung stehende Verhaltensalternative dar. Hinter jedem Verhalten – und sei es von außen betrachtet noch so skurril, merkwürdig oder destruktiv – steckt eine positive Absicht.

4) **Die Wahlmöglichkeiten:** „Die Schwierigkeit besteht in der Regel nicht darin, dass Menschen die falsche Wahl treffen, sondern dass ihnen momentan noch nicht genügend Möglichkeiten oder Alternativen zur Verfügung stehen." (DVNLP e.V., 2006, S. 20)

2.1 Der Mensch und seine Landkarte

Im NLP wird davon ausgegangen, dass jeder Mensch in seinem Kopf eine einzigartige Landkarte der Welt konstruiert. Diese Landkarte entsteht durch Erfahrungen, die er in seinem Leben gemacht hat, und durch die Interpretation und Bewertung dieses Erlebens. Sie ist nicht die Realität, denn: die Landkarte ist nicht das Gebiet, das sie abbildet. Ähnlich wie eine Landkarte im klassischen Sinn hilft sie aber dabei, sich in der sehr komplexen Welt zurechtzufinden. Die Unterschiedlichkeit der Landkarten verschiedener Menschen rührt daher, dass sie in ihrem Leben unterschiedliche Erfahrungen gemacht haben und diese unterschiedlich interpretieren. Angefangen beim Geburtsort und der Zeit, in der sie geboren wurden, über die Prägung durch die Eltern und die Erziehung bis hin zur Sozialisation (z.B. durch Peergroups) – nahezu alles ist unterschiedlich. So verwundert es kaum, dass jeder Mensch seine ganz eigene Landkarte hat. Dies ist zunächst kein Problem. Die Schwierigkeiten beginnen dann, wenn Menschen dazu neigen, ihre eigene Landkarte als die einzig existierende oder die einzig richtige anzusehen. Oder wenn sie davon überzeugt sind, dass ihre Karte grundsätzlich besser ist als die ihres Gegenübers.

NLP geht von der Annahme aus, dass verschiedene Menschen verschiedene Landkarten der Welt haben und diese gleichberechtigt nebeneinander stehen. Es erfolgt keine Bewertung, gut/schlecht oder richtig/falsch. Jede Landkarte hat ihre Berechtigung und wird akzeptiert. Allerdings sind bestimmte Landkarten für bestimmte Umstände besser geeignet als andere. Zur Veranschaulichung wird im folgenden Beispiel die geistige Landkarte eines Menschen als klassische Landkarte dargestellt. Stellen Sie sich vor, Günther hat eine topographische Karte von Deutschland vor sich liegen, während Marion sich an einer Straßenkarte von Niedersachsen orientiert. Eine Unterhaltung könnte dann wie folgt aussehen:

Günther: Zwischen Oldenburg und Bremen ist nicht allzu viel Platz. Zwischen beiden Orten befindet sich kein weiterer Ort. Ziemlich menschenleere Gegend.

Marion: So ein Quatsch! Zwischen Bremen und Oldenburg sind sogar mehrere Orte. Wenn ich die Straße von Bremen nach Oldenburg fahre, dann komme ich z.B. an Delmenhorst und Ganderkesee vorbei.

Günther: Welche Straße? Es gibt keine Straßen. Na ja, was soll's. In Flensburg ganz oben ist es sowieso viel schöner!

Marion: Flensburg? Das gibt es doch gar nicht. Und ganz oben ist Cuxhaven, aber bestimmt nicht Flensburg oder wie das heißen soll!

Man kann sich vorstellen, wie diese Unterhaltung endet. Vermutlich wird das Gespräch zwischen Marion und Günther irgendwann in einen handfesten Streit übergehen. Total unrealistisch? Nein! Viele alltägliche Gespräche laufen genau auf diese Art und Weise ab. Man unterhält sich natürlich nicht über Land- und Straßenkarten. Vielmehr tauscht man sich über seine geistigen Landkarten aus. Und oft hält man die eigene Karte und damit seine eigene Sicht der Dinge für die einzig richtige und damit die des Gegenübers für falsch.

In der Arbeit mit beeinträchtigten Menschen ist das Wissen um die Unterschiedlichkeit der Landkarten umso wichtiger, da sich die Landkarten geistig behinderter Menschen neben den ohnehin schon vorhandenen individuellen Differenzen oft erheblich mehr und in zentralen Punkten von denen nicht beeinträchtigter Menschen unterscheiden. Das liegt an mehreren Gründen: zum Einen an der Behinderung selbst. Eine Behinderung kann dazu führen, dass sich ein betroffener Mensch gewisse Dinge nicht aneignen und erschließen kann und aus diesem Grund andere Annahmen über die Welt entwickelt. Überlegen Sie einmal, wie die Landkarte einer blind geborenen Person aussieht. Zum Anderen liegt dies in der Lebensgeschichte vieler – gerade älterer Menschen mit einer geistigen Behinderung – begründet. Ich möchte an dieser Stelle an die Großeinrichtungen erinnern, in denen Menschen bis weit über die Mitte des letzten Jahrhunderts unter für unsere heutigen Wertmaßstäbe menschenunwürdigen Verhältnissen leben mussten.

Was folgt daraus im Kontakt mit dem geistig beeinträchtigten Menschen? Sie müssen davon ausgehen, dass Sie Ihr Gegenüber im Regelfall nicht verstehen und es das Resultat intensiver gemeinsamer Kontakte ist, wenn ein Verständnis für den Anderen entsteht. Hierbei kann das Wissen um die Unterschiedlichkeit der Landkarten helfen.

2.2 Jedes Verhalten macht Sinn

NLP geht davon aus, dass Menschen sich in ihrem Handeln an ihrer geistigen Landkarte orientieren und jedes Verhalten im Kontext dieser Landkarte einen Sinn ergibt. Dazu zwei Beispiele:

> *1) Horst zerreißt in Stresssituation regelmäßig die Matratze seines Bettes, wenn er sich über einen Mitarbeiter seiner Wohngemeinschaft geärgert hat. Er zieht sich dann in sein Zimmer zurück und knallt die Tür hinter sich zu. Dort beginnt er mit dem Zerreißen seiner Matratze, bis diese in kleinen Stücken auf dem Fußboden liegt. Danach geht er zum Mitarbeiter und zeigt ihm sein ,Werk'.*

> *2) Torben gießt seine Tasse voll mit Kaffee, bis kein Tropfen mehr hineinpasst, häufig sogar so voll, dass sie überläuft. Dann trinkt er den Kaffee innerhalb weniger Sekunden aus, wobei er sich regelmäßig so hastig verhält, dass er auf sein T-Shirt kleckert. Wenn er sich nicht direkt einen zweiten Kaffee einschenken darf, fängt er an, unruhig zu werden und zu schreien.*

Dies sind zwei Beispiele für Verhaltensweisen, die auf den ersten Blick für Außenstehende nur schwer zu verstehen sind. Im NLP wird davon ausgegangen, dass „jedes Verhalten (...) einen Sinn (ergibt), wenn es im Kontext der geistigen Landkarte der betreffenden Person gesehen wird." (DVNLP e.V., 2006, S. 20) Jedes Verhalten hat also einen Zweck für den entsprechenden Menschen, selbst dann, wenn sich dies für den Anderen zunächst nicht erschließt. Diese Aussage des NLP ist grundlegend und bedeutsam für die Arbeit mit geistig beeinträchtigten Menschen. Selbst erfahrene Betreuer werden immer wieder mit Verhaltensweisen konfrontiert, die ihnen fremd oder gar grotesk vorkommen. Sie können nicht nachvollziehen, warum jemand sich z.B. selbst schlägt, Kleidungsstücke in der Toilette ‚entsorgt' oder sich regelmäßig in seinem Zimmer erbricht. Umso wichtiger ist es, in einem ersten Schritt zu akzeptieren und zu respektieren, dass dieses Verhalten für den beeinträchtigten Menschen aus seiner Sicht sinnvoll ist und meist ein Stück Problemlösung beinhaltet. (Das bedeutet allerdings nicht, dass dieses Verhalten von anderen Menschen geduldet werden muss wenn sich z.B. jemand fremdaggressiv verhält.)

Schon William Shakespeare erkannte, dass es nichts gibt, was an sich gut oder schlecht ist. Erst das Denken nimmt diese Bewertung vor. Menschen neigen dazu, Verhaltensweisen in richtig/falsch oder passend/unpassend zu unterteilen. NLP geht davon aus, dass kein Verhalten per se gut oder schlecht ist. Um dies zu verdeutlichen, möchte ich eine alte chinesische Tao-Geschichte wiedergeben. Sie erzählt von einem Bauern in einer armen Dorfgemeinschaft.

„Man hielt ihn für gut gestellt, denn er besaß ein Pferd, mit dem er pflügte und Lasten beförderte. Eines Tages lief sein Pferd davon. All seine Nachbarn riefen, wie schrecklich das sei, aber der Bauer meinte nur ‚vielleicht'. Ein paar Tage später kehrte das Pferd zurück und brachte zwei Wildpferde mit. Die Nachbarn freuten sich alle über sein günstiges Geschick, aber der Bauer sagte nur ‚vielleicht'. Am nächsten Tag versuchte der Sohn des Bauern, eines der Wildpferde zu reiten; das Pferd warf ihn ab, und er brach sich ein Bein. Die Nachbarn über-

mittelten ihm all ihr Mitgefühl für dieses Missgeschick, aber der Bauer sagte wieder ‚vielleicht'. In der nächsten Woche kamen Rekrutierungsoffiziere ins Dorf, um die jungen Männer zur Armee zu holen. Den Sohn des Bauern wollten sie nicht, weil sein Bein gebrochen war. Als die Nachbarn ihm sagten, was für ein Glück er hat, antwortete der Bauer ‚vielleicht'." (Andreas & Andreas, 1985, S.13)

In dieser Geschichte verändert sich fortlaufend der Zusammenhang, in dem die Ereignisse wahrgenommen werden. Der Bauer besitzt – anders als die übrigen Dorfbewohner – die Fähigkeit, die jeweilige Situation nicht zu beurteilen, sondern sie lediglich wahrzunehmen. Häufig ist die Kette **Wahrnehmen – Interpretieren – Bewerten** eine Abfolge, die nur schwer zu unterbrechen ist. Worin liegt der genaue Unterschied zwischen den drei Tätigkeiten?

„**Wahrnehmung** bezeichnet die Aufnahme und Verarbeitung physikalischer und psychischer Reize durch Sinneszellen oder Sinnesorgane." (http://de.wikipedia.org/wiki/Wahrnehmung) Was sehe ich? Was höre ich? Bei der Wahrnehmung geht es ausschließlich um die Beschreibung der Sinneseindrücke, die ich mit meinen Sinnesorganen aufnehmen kann.

„Eine **Interpretation** ist der Versuch, den einem Sachverhalt innewohnenden Sinn zu erschließen." (http://de.wikipedia.org/wiki/Interpretation) Jeder Mensch hat das Bedürfnis, seinen Wahrnehmungen einen Sinn zu verleihen, z.B. der Bewohner schreit aus diesem oder jenem Grund. Wichtig ist, sich vor Augen zu führen, dass eben dieser oder jener Grund keine Wahrnehmung, sondern eine Interpretation ist.

„**Bewerten** heißt, ein Urteil über eine Wahrnehmung und/oder eine Interpretation auszusprechen. Typische Bewertungen könnten sein, eine Empfindung ist gut oder schlecht, toll oder langweilig, schön oder hässlich, angenehm oder unangenehm, cool oder ätzend." (http:// www.philognosie.net/index.php/article/articleview/307)

In der Behindertenhilfe ist es wichtig, auffällige und herausfordernde Verhaltensweisen möglichst genau wahrzunehmen und zu beschreiben. Man sollte sich nicht vorschnell zu Interpretationen hinreißen lassen wie „Peter schreit nur so herum, weil er Aufmerksamkeit haben möchte." Oder „Olaf schlingt sein Essen, weil er nie gelernt hat, ordentlich zu essen." Mag sein, dass Sie mit Ihrer Interpretation Recht haben, mag aber auch sein, dass Sie völlig danebenliegen.

Im NLP arbeitet man damit, Dinge umzudeuten und in einem neuen Rahmen zu sehen, sprich: sie zu reframen (Frame = engl. Rahmen). Es werden mehrere Arten des Reframings unterschieden. Für die Behindertenhilfe erscheinen mir vor allem die beiden folgenden sinnvoll zu sein: das Kontextreframing und das Inhaltsreframing.

Beim **Kontextreframing** geht man davon aus, dass jedes Verhalten in irgendeinem Kontext sinnvoll ist. Es wird also für das Problemverhalten ein passender Kontext gesucht.

Kommen wir auf das anfangs genannte Beispiel von Torben zurück, der am Kaffeetisch auffälliges Verhalten zeigt, seine Tasse sehr voll einschenkt und dann hastig trinkt. In welchem Kontext ist das Verhalten von Torben sinnvoll? Es ist vorstellbar, dass es nur wenig zu trinken gibt und Torben schnell trinken muss, damit er überhaupt etwas abbekommt. Es könnte auch die Anzahl der gefüllten Tassen beschränkt sein, dann macht es viel Sinn, sich die Tasse möglichst voll zu schenken. Es wird deutlich, dass Torbens Verhalten in gewissen Kontexten nicht nur verstehbar sondern sogar sinnvoll ist.

Beim **Inhaltsreframing** wird einer als problematisch erlebten Verhaltensweise eine andere Bedeutung gegeben. Fragen, die an dieser Stelle hilfreich sind, lauten: Was könnte dieses Verhalten noch bedeuten? Was ist das Positive an diesem Verhalten?

Bleiben wir bei Torben. Was ist das Positive an Torbens Verhalten? Torben sorgt gut für sich. Er unternimmt ziemlich viel dafür, dass er genug zu trinken bekommt (die Tasse voll einschenken, schnell trinken, mit Nachdruck eine zweite Tasse einfordern). Er kann seine Bedürfnisse wahrnehmen und mitteilen.

2.3 Die positive Absicht jedes Verhaltens

Im NLP geht man davon aus, dass hinter jedem Verhalten eine positive Absicht steht und jeder Mensch die für ihn momentan beste zur Verfügung stehende Verhaltensalternative wählt, um diese positive Absicht umzusetzen. Dies bedeutet, dass hinter jedem Verhalten, sei es noch so sonderbar oder auf den ersten Blick kontraproduktiv oder zerstörerisch, eine positive Absicht steckt. Und diese Annahme bedeutet in letzter Konsequenz: Jeder Mensch zeigt das Verhalten, welches momentan für ihn das bestmögliche ist. In dem oben genannten Beispiel von Horst ist das Zerreißen der Matratze das zurzeit bestmögliche Verhalten. Evtl. ist es für ihn sogar das einzige für die Situation passende Verhalten. Hätte er eine bessere Alternative zur Verfügung, dann würde er sie wählen. „Die Schwierigkeit besteht in der Regel nicht darin, dass Menschen die falsche Wahl treffen, sondern dass ihnen nicht genügend Möglichkeiten zur Verfügung stehen." (DVNLP e.V. 2006, S. 20)

Was ist der Sinn dieser strikten Trennung von Verhalten und Absicht? Wenn Sie nur das Verhalten betrachten, so erleben Sie den geistig beeinträchtigten Menschen womöglich als ‚schwierig', ‚anstrengend' oder als ‚nervig'. Sobald die positive Absicht betrachtet wird, die hinter dem Verhalten steht, ändert sich der Blickwinkel. „Statt der negativen setzt man eine neutrale oder wohlwollende Brille auf und akzeptiert erst einmal die Möglichkeit, dass es da überhaupt eine positive Absicht geben könnte. (...) Durch diesen Schritt erweitern Sie Ihre Wahrnehmungsmöglichkeiten." (Blickhan, 1996, S. 227) Wenn man diesen Gedanken der Trennung von Verhalten und Absicht konsequent zu Ende denkt, so kommt man zu dem Schluss, dass häufig das Problem darin besteht, dass Menschen – und in besonderer Weise geistig beeinträchtigte Menschen – nur wenige alternative Verhaltensweisen zur Verfügung haben. Wenn wir uns die Handlungsmuster dieser Menschen ansehen, so fällt auf, dass sie oft über ein eingeschränktes Handlungsrepertoire verfügen und teilweise stereotype Verhaltensweisen an den Tag legen. Im Sinne des NLP ist es für jeden Menschen erstrebenswert, ein großes Repertoire an Verhaltensweisen zu haben, um möglichst flexibel reagieren zu können.

2.4 Die Wahlmöglichkeiten

NLP geht davon aus: Wahlfreiheit ist besser als keine Wahlfreiheit. Dieser Satz klingt logisch. Was aber bedeutet er für die Arbeit mit geistig beeinträchtigten Menschen? Sie haben häufig keine Alternativen oder zumindest sehr eingeschränkte Wahlmöglichkeiten, um auf bestimmte Situationen oder Anforderungen zu reagieren. Teilweise handelt es sich dabei um sozial nicht erwünschte Verhaltensweisen, wie Schreien, Schlagen, Treten oder Zerstören von Dingen. In der Arbeit mit diesen Menschen geht es darum, sie dabei zu unterstützen, ihr Repertoire an möglichen Handlungsalternativen zu erweitern. Das Ziel ist, dass sie zwischen unterschiedlichen Verhaltensweisen wählen können und nicht mehr auf sozial unerwünschtes oder gar fremd- oder autoaggressives Verhalten zurückgreifen müssen.

In der Theorie des NLP ist es am günstigsten, wenn ein Mensch über mindestens drei alternative Verhaltensmuster verfügt. Denn wirkliche Entscheidungsfreiheit beginnt erst dann, wenn man nicht gezwungen ist, sich zwischen zwei Verhaltensweisen zu entscheiden. Am problematischsten ist eine Situation, in der man nur eine Handlungsmöglichkeit zur Verfügung hat. Falls dieses Verhalten nicht den gewünschten Erfolg zeigt, kann man nicht auf ein alternatives Verhalten zurückgreifen. Vielmehr wird man dann versuchen, das Verhalten zu intensivieren und mehr davon zu zeigen. Paul Watzlawick hat darauf hingewiesen, dass bestimmte Verhaltensweisen „irgendwann einmal durchaus ausreichend, erfolgreich oder vielleicht sogar die einzig möglichen gewesen sind." (Watzlawick, 2009, S. 32) Problematisch ist es jedoch, wenn Menschen eine Verhaltensweise auch aktuell noch als die einzig mögliche betrachten. Tritt die erwartete Wirkung nicht ein, kann der Betreffende nur mehr desselben Verhaltens zeigen. Funktioniert auch dies nicht, muss er es nochmals verstärken. Dies kann bis zum Zustand der Blockade führen. In der Arbeit mit einem geistig beeinträchtigten Menschen geht es also auch zu einem großen Teil darum, mit ihm gemeinsam Verhaltensalternativen zu entwickeln.

3 Im Kontakt mit dem geistig beeinträchtigten Menschen

Wenn Sie in der Behindertenhilfe arbeiten, dann sind Sie tagtäglich im Kontakt mit geistig beeinträchtigten Menschen. Und oft gestaltet sich dieser Kontakt, vor allem bei Personen mit Verhaltensauffälligkeiten, nicht in der Art und Weise, wie Sie es sich vorstellen. Sie haben das Gefühl, Sie verstehen sie nicht und werden von ihnen nicht verstanden. Doch was ist das Wesentliche im Kontakt?

Menschen treten dadurch in Kontakt, dass sie miteinander kommunizieren. Paul Watzlawick prägte den Satz „Man kann nicht nicht kommunizieren." (Watzlawick, Beavin, Jackson, 2007, S. 47) Dies bedeutet, dass, sobald mein Gegenüber mich wahrnehmen kann, jedes Verhalten meinerseits etwas in ihm auslöst. Weiterhin beschreibt Watzlawick, dass jede Kommunikation einen Inhalts- und einen Beziehungsaspekt hat. Der Inhaltsaspekt umfasst alle Informationen, Daten und Fakten der Botschaft. Der Beziehungsaspekt gibt Aufschluss darüber, wie diese Inhalte zu verstehen und zu interpretieren sind. Friedemann Schulz von Thun hat in seinem Buch „Miteinander Reden" diese Aspekte einer Nachricht weiterentwickelt und unterscheidet zwischen vier ‚Ohren', mit denen eine Nachricht gehört werden kann: Sach-, Selbstkundgabe-, Beziehungs- und Appellohr. (Schulz von Thun, 1998, S. 25 ff.) Er nennt das Beispiel eines Ehepaares:

Die Frau sitzt hinter dem Steuer des Autos, der Mann neben ihr auf dem Beifahrersitz. Er sagt zu ihr: ‚Du, da vorne ist grün.' Schulz von Thun analysiert, was diese Aussage bedeutet, je nachdem, mit welchem Ohr sie gehört wird.

Auf der Inhaltsebene ist die Aussage klar: Die Ampel ist grün. Auf der Selbstkundgabeebene könnte der Mann seiner Frau z.B. mitteilen: ‚Ich habe es eilig.' Auch über die Beziehung zwischen den beiden sagt die Äußerung etwas aus. Der Mann drückt auf der Beziehungsebene evtl. aus, dass seine Frau Hilfestellung von ihm benötigt. Auf der Appellebene könnte die Botschaft ‚Gib Gas!' lauten. Während die Aussage auf der Sachebene relativ einfach zu erkennen ist, stellt sich dies auf den drei anderen Ebenen schwieriger und nicht so offensichtlich dar. Häufig bewegt man sich dabei im Bereich der Spekulation und Interpretation.

Wie bereits deutlich wird, ist Kommunikation eine komplexe Angelegenheit. Struktur und Orientierung sind daher wichtig. Im Folgenden wird zunächst ein Modell für einen Kommunikationsprozess vorgestellt, das sog. TOTE-Modell. Es führt uns zu zwei Themen: Sind Fehler wirklich Fehler? (Kapitel 3.2) und zur Gegenüberstellung von Absicht und Reaktion (Kapitel 3.3).

Danach folgt eine grundlegende Darstellung darüber, wie man einen gelingenden Kontakt zu seinem Gegenüber, in diesem Fall dem geistig beeinträchtigten Menschen, herstellen kann (Kapitel 3.4) Das Kapitel schließt mit einem Extremfall der Kommunikation: die Begegnung mit einem hocherregten Menschen (Kapitel 3.5).

3.1 Das T.O.T.E.-Modell

Das T.O.T.E.-Modell wurde in den sechziger Jahren des letzten Jahrhunderts von George Miller, Eugene Galanter und Karl Pribram veröffentlicht. Übernommen wurde es aus der Kybernetik und stellt einen Feedbackkreis dar. Damit verdeutlicht es die Struktur einer jeden Handlungssequenz, in unserem Fall also die Struktur einer jeden Kommunikation.

Die vier Buchstaben bedeuten: **T**est – **O**perate – **T**est – **E**xit

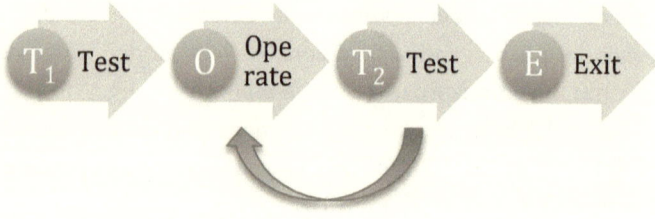

Zunächst wird dieses Modell in seinem Aufbau erklärt, im Anschluss folgt ein Beispiel aus dem pädagogischen Alltag.

T₁ – Test: Der erste Schritt einer jeden Handlungssequenz ist der Vergleich des gegenwärtigen Zustands (Ist) mit dem Zielzustand (Soll). Sind beide Zustände identisch, dann besteht kein Handlungsbedarf. Sie haben bereits Ihr Ziel erreicht. Besteht eine Diskrepanz zwischen dem aktuellen und dem angestrebten Zustand, dann gehen Sie über zu O(perate).

O – Operate: Sie zeigen ein spezifisches Verhalten oder führen eine Intervention durch, um den Unterschied zwischen Ist und Soll zu verringern oder im günstigsten Fall aufzuheben. Durch aktives Handeln beeinflussen Sie Ihre Umwelt.

T_2 – Test: Nun findet wiederum ein Abgleich zwischen dem neuen – durch die eben erfolgte Handlung – evtl. veränderten Istzustand und dem Zielzustand statt. Sind Ist und Soll identisch, verlassen Sie die Handlungssequenz (Exit).

Stimmen sie nicht überein, dann gibt es mehrere Möglichkeiten:

1. Sie geben Ihr Ziel auf und verlassen die Schleife (Exit).

2. Sie entwickeln aufgrund des neuen Ist-Zustandes ein neues, verändertes Ziel und durchlaufen erneut Operate.

3. Sie verfolgen Ihr erklärtes Ziel weiter und steigen erneut bei Operate ein. Hierbei haben Sie wiederum mehrere Möglichkeiten:

   - Sie intensivieren dasselbe Verhalten entweder quantitativ (über einen längeren Zeitraum als eben) oder qualitativ.

   - Sie zeigen ein anderes Verhalten.

Die Schritte Operate und Test wiederholen sich so lange abwechselnd, bis Sie Ihr gewünschtes Ziel erreicht haben oder aus einem anderen der oben genannten Gründe die Schleife verlassen. Ein Beispiel aus dem Alltag einer

Wohngemeinschaft verdeutlicht dies:

*Ein Mitarbeiter der Wohngemeinschaft möchte mit drei
Bewohnern gemeinsam Kaffee trinken. Hierzu muss der
Kaffeetisch gedeckt werden. Dazu hat lediglich Peter
Lust. Gisela und Robert schauen gerade Fernsehen. (T_1:
Das Ziel, dass der Kaffeetisch gedeckt ist, ist noch nicht
erreicht. Ist- und Sollzustand sind nicht identisch.) Der
Mitarbeiter fragt zunächst Robert, ob er Lust hat mit-
zuhelfen (Operate). Dieser sagt: ‚Nee, keine Lust, mach
du das!' (T_2: Das Verhalten des Mitarbeiters hat nicht
den gewünschten Erfolg.) Der Mitarbeiter spricht in einem etwas direkteren Ton mit Gisela: ‚Gisela, ich möchte, dass du mir beim Tisch decken hilfst!' (neues Operate) Aber auch Gisela zeigt wenig Initiative: ‚Auch keine
Lust, ich mach das doch nicht alleine mit dir. Der Robert soll auch mitmachen.' (T_2: Auch das veränderte
Verhalten des Mitarbeiters hat nicht den gewünschten
Erfolg.) Der Mitarbeiter schaltet kurzzeitig den Ton des
Fernsehers aus und spricht mit den dreien. ‚Ich möchte
gleich mit euch Kaffee trinken. Ich habe aber eben noch
ein Telefonat zu erledigen. Welche beiden von Euch
können die Kaffeetafel decken? Ich räume dann nachher
mit dem dritten ab.' (neues Operate) Peter, Gisela und
Robert schauen sich kurz an. Peter und Gisela nicken
sich zu ‚Wir decken ein!' Robert sagt: ‚Ich gucke Fernsehen und räume nachher ab.' Zum Mitarbeiter gewandt:
‚Aber mit dir zusammen!'. (T_2: Das Verhalten hat
zum Ziel geführt). Der Mitarbeiter freut sich: ‚Super, so
machen wir's.' (Exit)*

Aus dem T.O.T.E.-Modell lassen sich zwei Annahmen ableiten:

1. Es gibt keine Fehler – es gibt nur Feedback.

2. Die Bedeutung einer Kommunikation ergibt sich aus der Reaktion, die sie hervorruft – nicht aus der Absicht des Senders.

Im Folgenden werden diese beiden Aussagen erläutert.

3.2 Es gibt keine Fehler – nur Feedback

Was ist ein Fehler? Im klassischen Sinne benutzt man das Wort ‚Fehler' oft dann, wenn man durch eine Handlung nicht das gewünschte Ergebnis erreicht hat, sprich: wenn die Folge Test-Operate-Test-Exit nicht auf dem direkten Weg (ohne Umwege) durchschritten wird. Das Problem hierbei ist, dass das Wort ‚Fehler' bereits eine Bewertung (vgl. Kapitel 2.2) des Ergebnisses ist. Der Begriff Feedback impliziert weder eine Interpretation noch eine Bewertung. Würden Sie sagen, dass ein Kind, das gerade das Laufen lernt, einen Fehler gemacht hat, wenn es hinfällt? Oder ist das Hinfallen nicht vielmehr ein Feedback, so dass es das nächste Mal das Gewicht anders verlagert, die Füße anders platziert usw.?

Diese Sichtweise ist insofern hilfreich, da sich daraus ergibt:

- Jeder macht jeden Tag ‚Fehler', und dies ist ein völlig normaler Prozess.

- Es ist nicht schlimm, wenn etwas nicht sofort funktioniert.

- Je mehr ‚Fehler' jemand macht (und damit je mehr Verhaltensweisen ausprobiert), umso mehr Handlungsalternativen entwickelt er. Er lernt etliche Alternativen kennen, die nicht funktionieren.

Thomas Edison, der Erfinder der Glühbirne, prägte den folgenden Satz: ‚Erfolg ist ein Gesetz der Serie, und Misserfolge sind Zwischenergebnisse. Wer weitermacht, kann gar nicht verhindern, dass er irgendwann auch Erfolg hat.'

In der Arbeit mit beeinträchtigten Menschen ist es meiner Meinung nach wichtig, eine gewisse Leichtigkeit und spielerische Art im Umgang mit ‚Fehlern' bzw. auf den ersten Blick unerwünschtem Feedback zu etablieren. Hierzu gehört auf jeden Fall eine positive und konstruktive Fehlerkultur. Dies umso mehr, da ohnehin keine ‚Patentrezepte' für das gemeinsame Miteinander existieren.

An dieser Stelle möchte ich kurz darauf eingehen, welchen Nutzen der konstruktive und neugierige Umgang mit jeder Art von Feedback bringen kann. Nach der Theorie des TOTE-Modells sehen Sie in T_2 das Resultat Ihrer Handlung und gleichen es mit Ihrem Ziel ab. Für den Fall, dass Sie Ihr Ziel noch nicht erreicht haben und es weiterverfolgen möchten, haben sie mehrere Möglichkeiten. Sie können wie bereits angedeutet ...

... dasselbe Verhalten zeigen: entweder über einen längeren Zeitraum (quantitativ) oder in einer größeren Intensität (qualitativ).

... ein völlig anderes Verhalten zeigen, da das bisher gezeigte nicht funktioniert hat.

Paul Watzlawick prägte in seinem Buch ‚Anleitung zum Unglücklichsein' den Satz: „Wenn das, was du tust, nicht funktioniert, tue etwas anderes." (DVNLP e.V. 2006, S. 21) Er zeigt eindrücklich auf, dass Menschen dazu neigen, mehr desselben Verhaltens zu zeigen, obwohl sie mit diesem Verhalten keinen Erfolg hatten. Sie hoffen, dass ein Mehr desselben Verhaltens auch ein Mehr an erhofftem Ergebnis bringt. „Ihr Sohn hat wieder einmal sein Zimmer nicht aufgeräumt, vergessen, den Müll rauszutragen und statt seiner Schulaufgaben nur Musik gehört und mit Freunden rumgehangen. Und Sie merken schon, wie Sie ihm wieder eine Gardinenpredigt halten wollen. Die wievielte? Hat es genutzt? Ja? Dann ist eine weitere Gardinenpredigt fällig. Nein? Dann wäre vielleicht jetzt ein günstiger Zeitpunkt, etwas ganz anderes zu machen." (Hargens, 2003, S. 24)

Und hier schließt sich der Kreis. Im letzten Kapitel wurde bereits angesprochen, dass der beeinträchtigte Mensch aufgrund mangelnder Alternativen zu – auf den ersten Blick – merkwürdigen und skurrilen Verhaltensweisen greift. Doch auch nichtbeeinträchtigte Menschen neigen dazu, Verhaltensweisen einzusetzen, die einmal sinnvoll waren, jetzt jedoch nicht (mehr) situationsangemessen sind. So geht es im Kontakt zwischen dem professionell Tätigen und dem beeinträchtigten Menschen zu einem großen Teil darum, durch größtmögliche Flexibilität eine Ebene zu finden, auf der eine für beide Seiten befriedigende Kommunikation möglich ist.

3.3 Absicht versus Reaktion

Die Bedeutung einer Kommunikation ergibt sich nicht aus der Absicht des Senders, sondern aus der Reaktion, die sie hervorruft. Im NLP wird davon ausgegangen, dass das Resultat der Kommunikation der Gradmesser für ihre Wirksamkeit ist. Eine gelungene Kommunikation zeichnet sich dadurch aus, dass an ihrem Ende das definierte Ziel erreicht wird.

Die in der Behindertenhilfe professionell Tätigen tragen – wenn sie als Sender einer Nachricht agieren – die Verantwortung für das Gelingen der Kommunikation. Mit anderen Worten: Widerstand beim Empfänger liegt an einer mangelnden Flexibilität des Senders. Möchte ein Mitarbeiter einen beeinträchtigten Menschen dazu motivieren, einen Spaziergang zu machen, ist die Kommunikation erfolgreich, wenn am Ende des Prozesses beide die Wohngemeinschaft verlassen und tatsächlich eine Runde laufen. Gelingt dies nicht, kann sich der professionell Tätige nicht hinter Aussagen verstecken wie ‚Ich habe ja alles gegeben, aber wenn der nicht möchte, kann ich es auch nicht ändern.' Vielmehr gilt es herauszufinden, welche Form der Kommunikation und Intervention den gewünschten Erfolg erzielt. Dies kann ein längerer Prozess sein. Jeder ist gefordert, sich zu hinterfragen: Wieso funktioniert meine Art der Kommunikation (noch) nicht? Was werde ich beim nächsten Mal verändern, damit mein Gegenüber die nötige Kooperation zeigen kann? Dies bedeutet nicht, dem Klienten seine Eigenverantwortung für das Gelingen des Prozesses abzusprechen. Letztendlich haben jedoch die professionell Tätigen meist einen Wissensvorsprung und sind in der Lage, anders zu reflektieren als der beeinträchtigte Mensch.

3.4 Rapport

In der Theorie des NLP ist ein für beide Seiten befriedigender Kontakt nur dann möglich, wenn Rapport vorhanden ist. Das englische Wort ‚rapport' bedeutet übersetzt ‚enge Beziehung', ‚harmonisches Verhältnis' oder ‚enge Verbindung'. Das französische ‚rapporter', welches vom selben Wortstamm ausgeht bedeutet ‚sich beziehen auf'. Im NLP versteht man unter Rapport „eine Beziehung zwischen zwei Menschen, die auf gegenseitiger Achtung, Wertschätzung und Vertrauen beruht." (Mohl, 2006, S. 131) Umgangssprachlich verwendet man dafür Redewendungen wie ‚auf der gleichen Wellenlänge sein' oder ‚einen guten Draht zueinander haben'. Wie aber kann man diesen Rapport herstellen? Ein englisches Sprichwort deutet bereits darauf hin: ‚When people are like each other, they like each other', auf deutsch: Wenn Menschen einander ähnlich sind, mögen sie sich.

Eine Methode zur Herstellung des Rapports ist das **Pacing**, auch Spiegeln genannt. Man gleicht sich hierbei seinem Gegenüber an. Das ist auf verschiedenen Ebenen möglich. Es ist wichtig zu wissen, dass der Inhalt der Kommunikation (also die gesprochenen Worte) nur 7 % der Wirkung von Kommunikation ausmacht. Viel wichtiger sind die Körpersprache (55 %) und der Ton und die Modulation der Stimme (38 %). (Bohn, 2004, S. 12) Deshalb funktioniert Pacing auch bei schwerer beeinträchtigten Menschen, die den Inhalt der Worte nur eingeschränkt oder gar nicht verstehen.

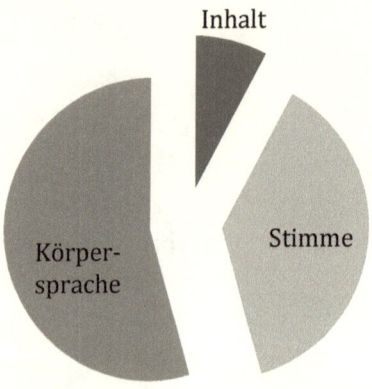

„Auf der nonverbalen Ebene können Haltung, Atemrhythmus, Gestik (...) gespiegelt werden." (Kraft, 2003, S. 51) Atmet das Gegenüber schnell und flach oder entspannt und tief? Wirken seine Bewegungen hektisch? Bewegt er die Arme oder die Beine? Hat er eine offene oder geschlossene Körperhaltung? Wenn man Elemente davon übernimmt, fühlt sich das Gegenüber verstanden und gewinnt Vertrauen – die Basis für jegliche Kommunikation. Auf der paraverbalen Ebene bedeutet Pacing, so zu sprechen (Stimmlage, Artikulation, Lautstärke, Sprachmelodie und Sprechtempo) wie der andere. Pacing auf der verbalen Ebene bedeutet, die Sprache des Klienten zu sprechen, seine Worte zu gebrauchen, seine Satzkonstruktionen zu spiegeln.

Nachdem man das Gegenüber eine Zeit lang gepaced hat, geht man über zum **Leading**. Hierbei verändert man die eben beschriebenen nonverbalen, paraverbalen und verbalen Anteile und beobachtet, ob das Gegenüber folgt. Ist dies der Fall, dann besteht ausreichend Rapport und es ist möglich, den Anderen mitzunehmen und behutsam die Kommunikation zu lenken. Hierbei ist es wichtig, weiter zu beobachten, ob das Gegenüber wirklich noch folgt. Ist dies nicht der Fall, wenn also kein ausreichender Rapport mehr besteht, muss man wieder in die Phase des Pacings zurückgehen. Wichtig ist mir an dieser Stelle zu betonen, dass Pacing nicht das ,papageienhafte Nachgeäffe' des Anderen ist, sondern es vielmehr darum geht, das was mir der Andere auf den unterschiedlichen Ebenen anbietet wertschätzend aufzunehmen und zu spiegeln.

Pacing kann auch auf der Ebene der Interessen des Gegenübers angewandt werden. Wichtig erscheint mir in diesem Zusammenhang der oft zitierte Satz, den Klienten dort abzuholen, wo er steht. Was aber bedeutet das? Es ist entscheidend, dass man als professionell Tätiger die Themen des beeinträchtigten Menschen aufgreift. In einem zweiten Schritt kann man diese ausbauen und erweitern. Hierdurch werden Sie als Person für das Gegenüber interessanter, und eine positive Beziehungsentwicklung ist möglich. Wenn sich ein Bewohner z.B. für Dinosaurier interessiert, können Sie gemeinsam mit ihm Bücher anschauen und im Internet nach Bildern und Informationen suchen. Sie können mit ihm gemeinsam im Wald im Sinne eines Rollenspiels auf ,Dinosaurier-Jagd' gehen oder mit ihm die unterschiedlichen Namen lernen oder sich neue, kreative Bezeichnungen ausdenken. Wichtig hierbei ist, dass Sie zunächst das Thema pacen, dann ins Leaden übergehen und es verändern und bereichern.

Nach der Darstellung dieser für jede Kommunikation gel-
tenden Regeln werde ich auf eine besondere Situation im
Kontakt mit dem geistig beeinträchtigten Menschen eingehen: eine drohende oder bereits bestehende akute Krisen-
situation.

3.5 Verbale Deeskalation

Ihr Gegenüber ist hocherregt, und es drohen selbst- oder
fremdgefährdende Verhaltensweisen. Diese Situation, die
wahrscheinlich den meisten in der Behindertenhilfe Tätigen bekannt ist, bringt auch professionelle Helfer an ihre
Grenzen. Es ist eine besondere Herausforderung, sowohl
in fachlicher als auch in persönlicher Hinsicht. Es sind bereits zahlreiche Handlungsansätze und Methoden im Umgang mit hocherregten Klienten in der Literatur beschrieben worden und sie werden erfolgreich in der Praxis angewandt. Auch wenn diese verschiedenen Modelle im Detail unterschiedliche Schwerpunkte setzen, so ist ihnen allen gemeinsam ein bestimmtes Grundgerüst. Dies ist relativ unabhängig von der Person, die einem hocherregt ge-
genübersteht. So werden in der Psychiatrie, bei der Polizei,
in der Jugend- und auch in der Behindertenhilfe ähnliche
Handlungsansätze benutzt. Die Erklärungsmuster des
NLP sollen dazu beitragen, das Grundgerüst der Kommunikation und die einzelnen Schritte des Deeskalationsprozesses differenzierter zu erkennen, um dann gezielter handeln zu können.

Bevor die vier Phasen der verbalen Deeskalation dargestellt werden, ist es wichtig, sich bewusst zu machen, was

das Ergebnis des Prozesses sein soll. Das Ziel der Intervention ist es, dem Gegenüber, in diesem Fall dem beeinträchtigten Menschen, seine hohe Erregung zu nehmen und eine Auto- oder Fremdaggression zu verhindern. Befindet er sich wieder auf einem normalen Erregungslevel, dann ist der Prozess der verbalen Deeskalation beendet. In den meisten Fällen geht die pädagogische Arbeit dann weiter bzw. fängt erst richtig an. Diese Arbeit ist aber konzeptionell strikt von der Deeskalation zu trennen, da in ihr ein völlig anderes Ziel verfolgt wird.

Die verbale Deeskalation besteht aus vier Phasen, die sauber voneinander getrennt und nacheinander abgearbeitet werden sollten. Erst wenn eine Phase komplett durchlaufen und das erwünschte Ergebnis zu erkennen ist, dann wird zur nächsten Phase übergegangen. Der Ablauf sieht folgendermaßen aus:

1. Kontaktaufnahme

2. Spiegeln und Verbalisieren

3. Ursachen finden

4. Lösungen erarbeiten

1. Phase: Die Kontaktaufnahme

Wenn der geistig beeinträchtigte Mensch sehr erregt und in seiner Erregung gefangen ist, ist es zunächst notwendig, Kontakt zu ihm herzustellen. Diese Kontaktaufnahme sollte je nach Erregungsgrad unterschiedlich gestaltet werden. Wichtig ist es, zu dem Menschen durchzudringen. In dieser Phase ist eine kurze, deutliche und laute Ansprache angebracht, damit das hocherregte Gegenüber für einen kurzen Moment aus der Aufgeregtheit gerissen wird und Sie wahrnimmt. Als sinnvoll hat sich eine Ansprache mit „Hallo" oder dem Namen der betreffenden Person erwiesen. Ist der beeinträchtigte Mensch bereits fremdaggressiv geworden oder randaliert er, kann es sinnvoll sein, diese Handlungen zunächst durch Worte wie „Stopp" oder „Halt" zu unterbrechen. Wichtig in dieser ersten Phase ist es, auch in dieser extremen Situation die Grenzen des Anderen zu wahren, also: nicht aufdringlich, nicht fordernd, nicht belehrend sein. Dennoch ist es ebenso wichtig, klar und deutlich und vor allem laut genug zu sprechen, um das Gegenüber zu erreichen.

In der Phase der Kontaktaufnahme geht es einzig und allein darum, dass Ihr Gegenüber für einen kurzen Moment in seiner Erregung unterbrochen wird und Sie wahrnimmt.

Kontakt-aufnahme	*Ziel: Den hocherregten Menschen für einen kurzen Moment in seiner Erregung unterbrechen, damit er Sie als Gegenüber wahrnimmt*
	Zeitrahmen: relativ kurz (meist wenige Sekunden)

2. Phase: Spiegeln und Verbalisieren

Das Spiegeln und Verbalisieren, die zweite Phase des Deeskalationsprozesses, ist die wichtigste Phase. Sie wird oft in ihrer Wirkung unterschätzt. Wenn der geistig beeinträchtigte Mensch Sie wahrgenommen hat, geht es darum, ihm zu signalisieren, dass Sie ihn ebenfalls wahrnehmen, und zwar mit seiner gesamten Erregung und Verzweiflung. Beim Spiegeln verbalisieren Sie die vermutete Gefühlswelt ihres Gegenübers bzw. das, was Sie an Verhalten bei ihm wahrnehmen. Um eine gemeinsame Basis zu schaffen, pacen Sie Ihr Gegenüber. Dies geschieht durch eine Angleichung, z.B. im Bereich der Körpersprache. Wenn der Andere unruhig mit den Armen fuchtelt, übernehmen Sie diese Unruhe, indem Sie z.B. mit den Fingern auf Ihre Oberschenkel trommeln. Nach der Angleichung im körperlichen Bereich folgt der nächste Schritt. Sie setzen zusätzlich Sprache ein und verbalisieren die von Ihnen vermutete Gefühlswelt Ihres Gegenübers und sein für Sie wahrnehmbares Verhalten.

Lukas hat sich geärgert, dass Marco ihm sein Spielzeug weggenommen hat. Er ist hocherregt und schreit. Der Mitarbeiter der Wohngemeinschaft spricht Lukas mit deutlicher und lauter Stimme an: ‚Hallo! Lukas!' (Kontaktaufnahme) Lukas hört kurz auf zu schreien und schaut den Mitarbeiter an. ‚Du bist richtig aufgeregt und Du ärgerst Dich ganz doll. Du bist total wütend und sauer (Verbalisieren der vermuteten Gefühlswelt) und schreist ganz laut (Verbalisieren des wahrnehmbaren Verhaltens).'

Diese Aussagen sollten solange wiederholt werden, bis Ihr Gegenüber deutlich weniger erregt und zu einem weiteren Gespräch bereit ist. Wie bereits angedeutet ist diese Phase die wichtigste und wird in ihrer Wirkung oft unterschätzt. Man neigt dazu, sie zu kurz zu gestalten und zu früh die nächste Phase einzuleiten. Wichtig ist es, diese Phase erst dann abzuschließen, wenn das Gegenüber sich wieder auf einem normalen Erregungslevel befindet. Bei Menschen, die sich bisher noch nicht mit Deeskalationsstrategien beschäftigt haben, können die während des Spiegelns und Verbalisierens gemachten Aussagen aufgesetzt oder affektiert wirken. Je länger Sie sich damit beschäftigen und es in Ihrer täglichen Praxis anwenden, umso mehr werden Sie sehen, wie deeskalierend diese Maßnahme wirkt. Wenn man <u>nicht</u> angemessen und wertschätzend auf sein Gegenüber eingeht, dann sieht dies wie folgt aus:

Lukas hat sich geärgert, dass Marco ihm sein Spielzeug weggenommen hat. Er ist hocherregt und schreit. Der Mitarbeiter der Wohngemeinschaft spricht Lukas mit deutlicher und lauter Stimme an:',,Hallo! Lukas!' (Kontaktaufnahme) Lukas hört kurz auf zu schreien und

schaut den Mitarbeiter an. ,Lukas, das mit dem Spiel-
zeug ist doch nicht so schlimm. Marco macht es doch
nicht kaputt. Außerdem hast Du auch schon mit Mar-
cos Spielzeug gespielt ... und da fragst Du auch nicht
immer!'

In diesem Beispiel wird deutlich, dass der Mitarbeiter die geistige Landkarte von Lukas nicht ernst nimmt und abwertet. ,... das mit dem Spielzeug ist doch nicht so schlimm ...' Für den Mitarbeiter ist es sicher nicht schlimm. Für Lukas schon, sonst würde er nicht so laut schreien. Sie erinnern sich an die These der geistigen Landkarte eines jeden Menschen. Keine Karte ist richtig oder falsch. Jede hat ihre Berechtigung und muss entsprechend gewürdigt und akzeptiert werden.

Neben dem Spiegeln und Verbalisieren dessen, was man sieht und hört (,Du bist hektisch und unruhig', ,Du schreist ganz laut'), und der vermuteten Gefühlswelt (,Du bist traurig', ,Du bist wütend und sauer'), kann man – falls der erregte Bewohner verbal oder nonverbal auf die Aussagen Bezug nimmt – dies aufgreifen. Man verbalisiert wiederum seine Körpersprache oder geht auf seine verbalen Aussagen ein.

Nachdem der Mitarbeiter Lukas' Gefühlswelt verbali-
siert hat ,Du bist richtig aufgeregt und schreist ganz laut.
Du ärgerst Dich ganz doll, bist total wütend und sauer.',
schreit Lukas ,Den Marco mach ich tot und Dich gleich
mit.' Gleichzeitig fasst er sich mit der rechten Hand an
seinen Hals, um zu zeigen, dass er Marco am liebsten
würgen würde. Mitarbeiter: ,Du bist so sauer auf Marco,

*dass Du ihn am liebsten erwürgen würdest, damit er tot
ist.' Dabei benutzt er dieselbe Geste wie Lukas.*

Lukas fühlt sich hierdurch in seinen Aussagen und vor
allem in seinen Gefühlen ernst genommen. Es geht nicht
darum, ob es vom Inhalt her in Ordnung ist, jemanden zu
erwürgen oder nicht. Jeder weiß, dass man im Erregungs-
zustand Dinge sagt, die man niemals aussprechen und
schon gar nicht in die Tat umsetzen würde, wenn man sich
in einem ausgeglichenen emotionalen Zustand befindet. In
der oben beschriebenen Situation besteht die Gefahr, dass
Lukas tatsächlich auf Marco losgeht und ihn würgt. Durch
das Spiegeln muss er sich mit seinen Worten und seinem
Vorhaben auseinandersetzen und wird für einen kurzen
Moment darüber nachdenken. In diesem Moment ist sein
Kopf und weniger sein Gefühl die handlungsleitende In-
stanz.

Eine weitere Möglichkeit der Verbalisierung ist die Vor-
wegnahme einer vermuteten Handlung. Sie als Betreuer
verbalisieren die Handlung, die Sie aus der Situation heraus
als nächstes von ihrem Gegenüber vermuten. Wenn also
z.B. jemand die Faust ballt und seinen Arm hebt, sagt man
ihm ,Du willst mich gleich schlagen.' Auch diese Intervention wirkt deeskalierend. Der Andere ist im Regelfall über-
rascht und denkt für einen kurzen Augenblick nach. In
diesem Moment wird er in seiner Erregung unterbrochen.

In der Phase des Spiegelns und Verbalisierens geht es darum, ...

... das, was man sieht und hört, also das momentane Verhalten, zu verbalisieren.

... die vermutete Gefühlswelt seines Gegenübers zu benennen.

... Handlungen zu antizipieren und zu verbalisieren.

Spiegeln und Verbalisieren	*Ziel: Der hocherregte Mensch soll sich ernst genommen fühlen in seiner Aufregung und Verzweiflung. Am Ende dieser Phase zeigt er einen ‚normalen‘ Erregungslevel und ist in der Lage, den Äußerungen seines Gegenübers zu folgen* *Zeitrahmen: kann bis zu einigen Minuten dauern (wird oft zu kurz gestaltet)*

3. Phase: Ursachen finden

Erst wenn Ihr Gegenüber emotional dazu in der Lage ist – sich also auf einem normalen Erregungslevel befindet – gehen Sie zur dritten Phase über, die Ursachen zu finden. Dies erkennen Sie daran, dass der beeinträchtigte Mensch Ihnen folgen kann, wenn Sie eine ‚Sachfrage‘ stellen, z.B. nach der Ursache der Erregung. Ist bei solchen Fragen eine Zunahme der Erregung zu beobachten, dann ist das Ziel des Spiegelns und Verbalisierens noch nicht erreicht. Eine Suche nach den Ursachen ist in diesem Fall noch nicht möglich. Die zweite Phase muss dann unbedingt weitergeführt werden.

Das Ziel des Ursachenfindens ist es herauszubekommen, weshalb der Mensch so hocherregt war. Empfehlenswert ist hier eine offene Frageform, z.B. ‚Was genau hat Dich so geärgert?' ‚Vor was genau hast Du solch eine Angst?' Diese Fragen sind deutlich besser als ‚Warum hast Du Dich so aufgeregt?' oder ‚Warum hast Du solch eine Angst?' Bei Warum-Fragen hört der Empfänger leicht einen unausgesprochenen Vorwurf heraus: ‚Warum hast Du Dich so aufgeregt? Eigentlich gibt es doch gar keinen Grund, sich so aufzuregen!' Er könnte sich dadurch nicht ernst genommen fühlen. Das muss auf alle Fälle vermieden werden, da dies eine Abwertung des Anderen und seiner Gefühlswelt (seiner Sichtweise und seiner Landkarte) bedeutet. Das kann dazu führen, dass sich die durch das Spiegeln und Verbalisieren reduzierte Erregung wieder steigert. Diese Phase läuft dann optimal wenn Ihr Gegenüber Angaben darüber machen kann, was ihn in die Erregung getrieben hat. Wichtig ist, dass es noch nicht um die Lösung des Problems geht. Ziel dieser Phase ist es, den Konflikt oder den Grund des Ärgers oder der Wut zu benennen.

Ursachen finden	*Ziel*: Zusammen mit dem beeinträchtigten Menschen soll die Ursache/der Grund für die Erregung gefunden und benannt werden
	Zeitrahmen: kann einige Minuten dauern, je nachdem wie präsent oder offensichtlich die Ursache ist

4. Phase: Lösungen erarbeiten

Ist die Phase des Ursachenfindens abgeschlossen, dann ist manchmal keine weitere Intervention mehr notwendig. In vielen Fällen ist es aber sinnvoll, gemeinsam eine Lösung zu erarbeiten und diese explizit zu benennen, um dem beeinträchtigten Menschen eine gewisse Sicherheit für die Zukunft zu vermitteln. Dabei ist es wichtig, die Phase der Lösungssuche wirklich erst dann zu beginnen, wenn die Kontaktaufnahme, das Spiegeln und Verbalisieren und die Ursachensuche mit den entsprechenden Ergebnissen abgeschlossen wurden. Viele Menschen neigen dazu, die Lösungsphase zu schnell und zu früh einzuleiten. Der Andere ist noch hocherregt, und man möchte Lösungen erarbeiten und wundert sich, dass das Gegenüber einem nicht zuhört.

In der Phase der Lösungssuche kommt es darauf an, keine Lösungen vorzugeben, sondern den Anderen beim Erarbeiten seiner Lösung zu unterstützen. Welche Lösungen sieht er? Was ist für ihn eine befriedigende Lösung? Lässt man ihn nicht an der Lösungssuche teilhaben, tappt man in die sog. Beraterfalle. Man bietet Lösungen an und macht Angebote und wundert sich, dass das Gegenüber alles ablehnt: ,Jetzt habe ich Dir so viele Vorschläge gemacht, aber Du lehnst alles ab. Dann kann ich Dir auch nicht helfen!' Viel besser ist es, die Kompetenzen und Ideen des Anderen abzurufen, da er oft am besten weiß, was gut für ihn ist.

Lösungen erarbeiten	*Ziel:* Zusammen mit dem beeinträchtigten Menschen eine Lösung für das Problem / den Grund der Erregung erarbeiten
	Zeitrahmen: je nach Offensichtlichkeit der Lösung

Um die vier Phasen der verbalen Deeskalation noch einmal zu verdeutlichen, folgt nun ein Beispiel, bei dem zunächst zweimal kontraproduktiv und im Anschluss daran
einmal gelungen mit der eskalierten Situation umgegangen
wird.

*In die Wohngemeinschaft von Peter ist letzte Woche
Matthias, ein neuer Mitbewohner, eingezogen. Dieser benötigt viel Zeit und Zuwendung von den Mitarbeitern.
Wenn Peter aus der Werkstatt kommt, hatte er bisher
immer die Gelegenheit, seine Erlebnisse zu erzählen.
Momentan sind die Mitarbeiter dann meist mit seinem
neuen Mitbewohner beschäftigt. Peter wird von Tag zu
Tag hektischer und lauter. Er schreit schon, wenn er nur
kurz warten muss. Heute eskaliert die Situation. Beim
Kaffeetrinken möchten sowohl er als auch Matthias eine
weitere Tasse Kaffee haben. Der neue Mitbewohner hat
zuerst die Kanne in der Hand. Peter schreit ihn an:
„Arschloch", dann reißt er ihm die Kanne aus der Hand
und wirft sie über den Tisch. Er steht auf, fuchtelt mit
den Armen und schreit eine Aneinanderreihung von
Schimpfwörtern.*

Der Mitarbeiter könnte wie folgt reagieren:

> *Er sieht die Situation und brüllt Peter an: ,Peter, was*
> *soll das? Wenn Du Dich nicht benehmen kannst, dann*
> *geh in Dein Zimmer! Da kannst Du meinetwegen her-*
> *umschreien. Dass Du immer so neidisch auf Matthias*
> *sein musst!' Peter rennt schreiend in sein Zimmer, knallt*
> *die Tür hinter sich zu und fängt an, sich zu schlagen.*

Der Mitarbeiter hat durch sein Verhalten die Situation
noch weiter aufgeheizt. Peter zieht sich zwar zurück, aber
er fängt an, sich selbst zu schlagen und wird noch aufge-
regter. Eine ganz andere Reaktion, die jedoch genauso un-
angemessen ist, sieht folgendermaßen aus:

> *Der Mitarbeiter sieht die Situation und spricht Peter mit*
> *betont ruhiger Stimme an: ,Peter, reg Dich nicht auf. Es*
> *ist doch alles in Ordnung. Der Matthias will Dir doch*
> *nichts Böses. Bei uns bekommt jeder seinen Kaffee.'*

Wenn man sich diese Aussage mit dem Wissen um die innere Landkarte eines jeden Menschen anschaut, dann wird
klar, dass diese verbale Reaktion des Mitarbeiters bedeutet:
,Deine innere Landkarte, aufgrund derer du dich aufregst,
stimmt nicht. Nach meiner Landkarte ist alles in Ordnung,
und ich kann nicht verstehen, dass Du eine andere Landkarte hast. Deine Karte ist falsch, meine ist richtig. Also
rege Dich nicht so auf.' Vermutlich wird der Mitarbeiter
nicht diese Absicht gehabt haben. Ganz im Gegenteil: Er
wollte Peter beruhigen und hat es gut gemeint. Sie erinnern
sich: Die Bedeutung einer Kommunikation ergibt sich aus
der Reaktion, die sie hervorruft – nicht aus der Absicht des
Senders. Gut gemeint, aber kontraproduktiv. Wie könnte

nun eine gelungene Deeskalation der Situation aussehen?

Der Mitarbeiter sieht die Situation. Er positioniert sich so im Raum, dass Peter ihn sehen kann. Dann spricht er Peter mit lauter und präsenter Stimme an: ‚Peter! Hallo!' (Kontaktaufnahme) Peter schaut ihn einen kurzen Moment an und hört auf zu schreien. ‚Peter, Du bist ganz aufgeregt und ärgerst Dich gerade total, dass Matthias Dir die Kaffeekanne weggenommen hat. Du schreist ganz laut.' (Verbalisieren der vermuteten Gefühle und des Verhaltens) Dabei spiegelt er Peters hektische Körperbewegungen. (Pacing) Peter nimmt eine Tasse in die Hand und macht eine Bewegung, als wolle er sie ebenfalls werfen. ‚Du bist wütend auf Matthias und wirfst gleich die Tasse. Die Kanne hast Du vor lauter Frust schon über den Tisch geworfen.' (Verbalisieren der Gefühle und Antizipieren des vermuteten Verhaltens) Mit seiner Stimme wird der Mitarbeiter leiser und langsamer (Leading). Durch das Spiegeln ist Peter bereits ruhiger geworden. ‚Peter, Du ärgerst Dich, bist wütend und frustriert. Was ärgert Dich so?' (Ursachensuche) Peter sagt in relativ ruhigem Ton: ‚Matthias doof. Hat Kaffee geklaut.' ‚Du findest Matthias doof, weil er Dir den Kaffee geklaut hat?' ‚Ja, ich will Kaffee!' (Peter leitet selbst die Lösungssuche ein.) Mitarbeiter: ‚Peter, soll ich Dir eben Kaffee kochen und dann trinken wir alle zusammen Kaffee?' Peter: ‚Ja, Kaffee kochen.' (Die Lösungssuche ist beendet.)

Die dargestellte Situation entspricht sicherlich nicht in jedem Detail einem Deeskalationsprozess in der Realität. Es ist nicht untypisch, dass erregte Menschen im Laufe des Prozesses, auch wenn sie schon an Erregung verloren haben, an bestimmten Stellen nochmals ‚hochgehen'. Dann ist man als Mitarbeiter gefordert, evtl. nochmals einzelne Schritte zu wiederholen, z.B. die Phase des Spiegelns und Verbalisierens. Es ist von besonderer Wichtigkeit, sein Gegenüber genau wahrzunehmen, damit man die entsprechenden Impulse aufgreifen und darauf eingehen kann.

4 Die Planung eines Konzeptes

Die Planung eines Konzeptes für die Arbeit mit einem geistig beeinträchtigten Menschen ist ein komplexes Unternehmen. Es hat sich in der Praxis als hilfreich erwiesen, sich bei der Erstellung an einer Struktur zu orientieren. In der Literatur werden etliche Möglichkeiten zur Erarbeitung von Konzepten beschrieben, die je nach Thematik und Problemstellung unterschiedlich gut in die Praxis umzusetzen sind.

In diesem Kapitel stelle ich ein Gerüst vor, das keinen Anspruch darauf erhebt, das einzig Richtige oder das für alle Situationen am besten Passende zu sein. Es ist ein Konzept, das als Vorschlag zu verstehen ist. Und ich möchte Sie hiermit ermutigen, es in Ihrer Arbeit auszuprobieren.

Wichtig erscheint mir, dass ein Konzept einerseits so umfangreich ist, dass es dem beeinträchtigten Menschen mit all seinen Besonderheiten gerecht wird und nicht nur an Symptomen bzw. an bestimmten Verhaltensweisen ‚herumdoktert'. Zum Anderen muss es so kompakt sein, dass es sich problemlos in die Organisation von z.B. Wohngemeinschaften oder Werkstätten für behinderte Menschen (WfbM's) implementieren lässt und die wertvolle und vielerorts knappe Ressource Zeit nicht überstrapaziert wird.

NLP zeichnet sich durch eine ganzheitliche Sichtweise auf den Menschen aus. Sowohl das spezifische Problemverhalten als auch der beeinträchtigte Mensch mit all seinen individuellen und einzigartigen Facetten wird betrachtet. Diese Tatsache ist die Basis für das folgende Konzept.

Zunächst werde ich zwei Modelle des NLP vorstellen: das **S.C.O.R.E.-Modell** und das **Modell der Logischen Ebenen**. Sie bilden gemeinsam die Grundlage für die Struktur meines Konzeptes.

4.1 Das S.C.O.R.E.-Modell

Das S.C.O.R.E.-Modell wurde von Robert Dilts und Todd Epstein entwickelt und ist „eine systematische Hilfe, um sicherzustellen, dass man vor Beginn einer Intervention alle wesentlichen Informationen erfasst hat." (http://nlpportal.org/nlpedia /wiki/SCORE) Die Abkürzung S.C.O.R.E. stammt aus dem Englischen und steht für:

S = Symptom

C = Cause (Ursachen)

O = Outcome (Ziel)

R = Ressource

E = Effects

Hierzu eine kurze Erklärung:

Sie nehmen ein bestimmtes **Symptom (S)** wahr, z.B. eine problematische Verhaltensweise bei einem beeinträchtigten Menschen. Diesem Symptom sind im Regelfall Ereignisse vorausgegangen, oder es existieren bestimmte Faktoren, die als **Ursachen (C = Cause)** für das problematische Verhalten angesehen werden können. Zwischen Symptom und Ursachen besteht sowohl ein zeitlicher als auch ein kausaler Zusammenhang. Das **Ziel (O = Outcome)**, z.B. eine adäquate und sozial erwünschte Verhaltensweise zu zeigen, wird durch den Einsatz von **Ressourcen (R)** erreicht. Ressourcen sind hierbei alle pädagogischen, „psychologischen, emotionalen, relationalen, materiellen oder technischen Mittel, die es ermöglichen, das gewünschte Ziel zu erreichen." (Kourilsky, 2007, S. 241) Und dies auf beiden Seiten, sowohl bei der beeinträchtigten Person als auch bei den Menschen, die mit diesem Menschen arbeiten. Das Erreichen des Ziels hat bestimmte **(Aus)Wirkungen (E = Effects)** auf den Menschen und seine Umgebung.

Betrachtet man die zeitliche Abfolge, sieht das Modell folgendermaßen aus:

Vergangen-heit	Gegenwart		Zukunft
Cause Inter-pretation	**Symptom** Beschrei-bung	**Res-source** →	**Outcome Effects** Imagination
Problembereich			Lösungsbereich

Bei der Planung eines Konzeptes auf der Grundlage dieses Modells geht man nach der Reihenfolge S.C.O.R.E. vor. Als erstes erfolgt eine Beschreibung des **Symptoms (S)**. Wichtig hierbei ist, sich ausschließlich auf der deskriptiven

Ebene zu bewegen und das zu beschreiben, was man mit seinen Sinnen (Sehen, Hören, Fühlen, Riechen, Schmecken) wahrnehmen kann – keine Interpretation, Vermutung oder Bewertung. Danach werden die **Ursachen (Cause)** analysiert. Man kann hierbei nur Vermutungen anstellen, welche Ursachen zum Symptom geführt haben. Deshalb bewegt man sich auf der Ebene der Interpretation. Dies ist insofern von Bedeutung, da man sich immer wieder vor Augen führen muss, dass die Vermutungen falsch sein können. Als drittes wird ein **Ziel (Outcome)** definiert, welches imaginiert ist. Es existiert also zunächst in Ihren Gedanken und wird erst in der Zukunft ein realer Zustand sein. Der entscheidende Schritt ist dann die Beschäftigung mit den **Ressourcen (R)**, also der Weg, auf dem man vom derzeitigen Symptom zum zukünftigen Ziel kommt. Als letztes wird die **Wirkung (Effects)** der Zielerreichung auf den beeinträchtigten Menschen und seine Umgebung angeschaut. Ist das Ziel und sind die Interventionen langfristig gesehen stimmig?

Das S.C.O.R.E.-Modell ermöglicht es Ihnen, die Informationen, die Sie benötigen, gezielt in einer sinnvollen Reihenfolge zu gewinnen und damit eine Grundlage für Ihre Arbeit mit dem beeinträchtigten Menschen zu schaffen.

4.2 Die Logischen Ebenen

Ein weiteres Modell, welches ich an dieser Stelle vorstellen möchte, ist das der Logischen Ebenen. Es wurde von Robert Dilts, einem der Pioniere des NLP entwickelt. Er geht davon aus, dass jeder Mensch in jeder Situation aus verschiedenen Blickwinkeln betrachtet werden kann. Hierbei werden fünf Ebenen unterschieden: Die Umgebung, das Verhalten, die Fähigkeiten, die Werte, Glaubenssätze und Überzeugungen einer Person und – last but not least – die Identität.

Auf der Ebene der **Umgebung** geht es um die Frage, in welchem Umfeld sich der Mensch aufhält. Wie sehen die Rahmenbedingungen um ihn herum aus? Von welchen Menschen ist er umgeben? Wie ist die Stimmung? Die zweite Ebene ist die des **Verhaltens**. Welches konkret beobachtbare Verhalten zeigt der Mensch in der spezifischen Situation? Was kann sein Gegenüber an ihm wahrnehmen? Eine dritte Ebene sind die **Fähigkeiten**, die die Person besitzt und einsetzt. Was kann die Person? Welche Fertigkeiten bringt sie mit? Dem übergeordnet sind die **Werte, Glaubenssätze und Überzeugungen**. Welche Werte sind für diese Person handlungsleitend? Welche Glaubenssätze und Überzeugungen besitzt sie? Auf der obersten Ebene steht die **Identität**, die jemand sich selbst zuschreibt – im Sinne von: Wer bin ich in dieser spezifischen Situation?

Im Modell der Logischen Ebenen werden die Werte, Glaubenssätze und Überzeugungen getrennt von der Identität betrachtet. Für den Kontext der Behindertenhilfe erscheint es mir jedoch sinnvoll, diese beiden Bereiche zusammen anzuschauen. Dies vor allem deshalb, weil sich viele beeinträchtigte Menschen nicht in der Art und Weise äußern können, dass sie selbst ihre Werte, Glaubenssätze und Vorstellungen über ihre Identität reflektieren und verbalisieren können. Daher sind die Menschen, die mit ihnen arbeiten gezwungen, sich ihrer eigenen Vermutungen und Spekulationen zu bedienen. Aufgrund der dadurch entstehenden Ungenauigkeit ist eine Trennung dieser Ebenen nur von geringem Nutzen in Relation zur investierten Zeit.

Da die Ebene der Werte, Glaubenssätze und Überzeugungen für Menschen, die sich bisher noch nicht mit NLP beschäftigt haben, oft schwer zu fassen ist, möchte ich kurz darauf eingehen. Werte sind „die treibenden Kräfte dafür, warum etwas wichtig und lohnenswert ist." (Kutschera, 2007, S. 79) Eng verbunden mit den Werten sind die sog. Glaubenssätze. Diese beziehen sich darauf, welche Bedeutung Dingen zugeschrieben wird. Sie „können davon handeln, was etwas (anderes) bewirkt (Ursache und Wirkung), und auf diese Weise die Regeln entstehen lassen, nach denen wir wählen zu leben." (O´Connor & Seymor, 1999, S. 279)

Die Identität ist die oberste Ebene des Modells. Hiermit ist das Bild einer Person gemeint, das sie von sich selbst in einer bestimmten Situation hat. Dieses Selbstbild beeinflusst alle bisher genannten und im Schaubild unter der Identität liegenden Ebenen. Denkt jemand über sich, dass er ein Tollpatsch ist (Identität) und er ein tollpatschiger und handwerklich unbegabter Mensch ist (Glaubenssatz), wird er solange er so denkt nicht die Fähigkeit entwickeln, mit einer Säge einen geraden Schnitt zu sägen oder einen Nagel in ein Stück Holz zu schlagen, ohne dass dieser schief und krumm wird. Für die Arbeit mit geistig beeinträchtigten Menschen ist die Beschäftigung mit der Identität und den Glaubenssätzen von grundlegender Bedeutung, da diese Menschen häufig in bestimmten Bereichen ein negatives Selbstbild haben. Oft haben sie schon relativ früh in ihrem Leben die Erfahrung gemacht, dass nicht behinderte Menschen Dinge problemloser schaffen, die ihnen nicht gelingen. Sie sind angeeckt mit ihrem Aussehen oder mit ihrem Verhalten.

4.3 Das Konzept

Bei der Erstellung meines Konzepts werden die beiden beschriebenen NLP-Modelle, das S.C.O.R.E.-Modell und die Logischen Ebenen, kombiniert. Das folgende Schaubild verdeutlicht dies. Horizontal und unter den Punkten 1 und 2 befinden sich die einzelnen Schritte des S.C.O.R.E.-Modells. Vertikal sind die Logischen Ebenen angeordnet. Die Zahlen vor den einzelnen Punkten geben die Reihenfolge an, in der die einzelnen Schritte erarbeitet werden.

Bestandsaufnahme	Ziel	Maßnahmen

Identität/Werte/Glaubenssätze/Überzeugungen

10 hinderliche Glaubenssätze	11 veränderte Identität und Glaubenssätze	16 Maßnahmen zur Veränderung
9 förderliche Glaubenssätze		15 Maßnahmen zur Verstärkung

Fähigkeiten

8 weitere Fähigkeiten		14 Maßnahmen zur Verstärkung und Förderung
7 Fähigkeiten, die durch das Symptom sichtbar werden		

Verhalten

2 auslösende Faktoren & hintergründige Ereignisse	3 Ziel bzgl. des Verhaltens	13 Maßnahmen
1 Symptom		

Umwelt

5 konfliktfreie Zeiten, Orte, Tätigkeiten	6 Ziel bzgl. der Gestaltung der Umwelt	12 Maßnahmen zur Veränderung
4 konfliktträchtige Zeiten, Orte, Tätigkeiten		

Man beginnt damit, auf allen logischen Ebenen eine Beschreibung des derzeitigen Zustandes vorzunehmen und entsprechende Ziele zu entwickeln.

Angefangen mit dem Symptom (S) auf der **Verhaltensebene** benennen Sie des Weiteren die vermuteten Ursachen (C = Cause) für dieses Verhalten. Dann wird ein Ziel (O = Outcome) formuliert.

Als nächstes gilt das Augenmerk der Ebene der **Umwelt**. Hier werden die Faktoren (Zeiten, Orte, Tätigkeiten) betrachtet, die dazu beitragen, dass das Problemverhalten besonders häufig bzw. weniger oft auftritt. Auch auf dieser Ebene werden Ziele formuliert.

Danach beschäftigen Sie sich mit der Ebene der **Fähigkeiten**. Welche Fähigkeiten werden sichtbar durch das Problemverhalten, und über welche weiteren Fähigkeiten verfügt der beeinträchtigte Mensch?

Als letzter Schritt der Bestandsaufnahme und Zielformulierung wird die Ebene der **Identität/Werte/Glaubenssätze/Überzeugungen** betrachtet: Welche förderlichen Glaubenssätze sind erkennbar? Welche Ansichten behindern den Menschen in seiner Entwicklung? Für diese hinderlichen Werte und Glaubenssätze werden veränderte Sätze formuliert, die die Entwicklung des Menschen fördern.

Nachdem die Bestandsaufnahme und die Zielformulierung abgeschlossen sind, geht man über zur Maßnahmenplanung (R = Ressourcen). Man beginnt auf der untersten Ebene, der Umwelt. Welche Maßnahmen können im Bereich der räumlichen, zeitlichen und personellen Ressourcen durchgeführt werden? Als nächstes werden die Interventionen zur Verhaltensveränderung erarbeitet. Dann folgen die Maßnahmen zur Verstärkung und Förderung der Fähigkeiten. In der letzten Ebene dieser Spalte geht es um die Verstärkung der förderlichen Glaubenssätze bzw. die Veränderung der hinderlichen Überzeugungen.

Nun sind alle logischen Ebenen mit entsprechenden Inhalten versehen und der sog. Ökologie-Check (E = Effects) folgt. Dabei betrachten Sie die Auswirkungen aller beschriebenen Interventionen auf den beeinträchtigten Menschen und können so eventuelle Hindernisse schon im Vorfeld erkennen.

4.3.1 Bestandsaufnahme und Zielformulierung

Im Folgenden werden die einzelnen Schritte ausführlich vorgestellt.

Das Verhalten

Da das Verhalten die Ebene ist, auf der Sie als Gegenüber am ehesten etwas wahrnehmen können, ist es sinnvoll, hiermit zu beginnen und zunächst auf dieser Ebene das Symptom zu bestimmen. Dabei ist es wichtig, sich auf eine gemeinsam entwickelte und eindeutige Definition zu einigen. Sie sollte einerseits so weit gefasst werden, dass der Gesamtzusammenhang sichtbar ist, andererseits sollte sie so fokussiert werden, dass man sich nicht in unbedeutenden Kleinigkeiten verliert. Mögliche Beschreibungen eines Symptoms sind z.B.:

Vor allem abends während der Essensituation beschimpft Dieter sowohl seine Mitbewohnerin Tanja als auch die Mitarbeiter. Er nennt sie ‚alte Ziege’ oder ‚blöde Kuh’. Er droht Tanja, sie zu schlagen (‚ich hau’ dich gleich!’).

oder

Tobias beißt sich in die Hand. Dies dauert meist etwa 20 - 30 Sekunden. Danach fängt er an, sich mit der flachen Hand auf das rechte Ohr zu schlagen und dabei laut zu schreien.

Eine wenig hilfreiche Beschreibung wäre die folgende:

Andreas fängt immer an zu schreien, wenn er etwas nicht bekommt. Er stellt sich dann vor den Mitarbeiter und schreit ihn an. Er hebt seine Hand. Wahrscheinlich will er den Mitarbeiter sogar schlagen oder sonst was machen.

Hier vermischt sich die Beschreibung des Verhaltens (Andreas fängt an zu schreien. Er stellt sich vor den Mitarbeiter und schreit ihn an. Er hebt seine Hand.) mit Interpretationen über die Ursachen (wenn er etwas nicht bekommt). Außerdem werden Vermutungen darüber geäußert, was folgen könnte (Wahrscheinlich will er den Mitarbeiter schlagen). Des Weiteren tragen Worte wie ‚immer’ nicht zur Genauigkeit bei. Fängt Andreas tatsächlich immer an zu schreien? Auch das Wörtchen ‚sogar’ verrät uns wenig über Andreas und sein Verhalten. Vielmehr teilt der beschreibende Mitarbeiter damit etwas über seine eigenen Emotionen mit. Er ist evtl. entrüstet über Andreas’ Verhalten oder hat Angst vor körperlichen Übergriffen. All dies ist verständlich, hat aber nichts in der Beschreibung des Verhaltens zu suchen. Eine adäquate Beschreibung im Fall von Andreas könnte lauten:

> *Andreas stellt sich vor den Mitarbeiter und beginnt zu schreien. Kurze Zeit später hebt er seine rechte Hand, die er dabei zur Faust ballt.*

Der nächste Schritt besteht im Finden von möglichen zugrunde liegenden Ursachen. Hierbei ist es sinnvoll, im Sinne von Georg Theunissen zwischen auslösenden Faktoren und hintergründigen Ereignissen zu unterscheiden. (vgl. Theunissen, 2008, S. 66) Während die auslösenden Faktoren dem Symptom unmittelbar vorausgehen, liegen hintergründige Ereignisse meist zeitlich länger zurück und sind deshalb schwerer zu identifizieren.

Um Ihnen das Verstehen der Systematik zu erleichtern, werden in diesem Kapitel alle weiteren Schritte am Beispiel von Lukas erläutert.

> *Lukas ist ein 14-jähriger Junge, der vor drei Monaten von seinen Eltern in eine Wohngemeinschaft gezogen ist. Er ist leicht geistig beeinträchtigt.*

Die Bestandsaufnahme der Verhaltensebene lautet:

> *Lukas beschimpft den Mitarbeiter und schreit ihn an: ‚Du Blödmann! Du Sack!' Gleichzeitig spuckt er in dessen Richtung. Kurze Zeit später (ca. 5 Sekunden) fängt er an, mit dem rechten Fuß nach dem Mitarbeiter zu treten und mit der flachen Hand in Richtung dessen Brust zu schlagen.*

Eine Beschreibung der auslösenden Ereignisse könnte wie folgt lauten:

Lukas zeigt dann das beschriebene Verhalten, wenn der Mitarbeiter Anforderungen an ihn stellt, die unerwartet für ihn kommen, z.B. ist er gerade ins Spiel vertieft und soll etwas anderes tun. Er reagiert auch häufig so, wenn große Unruhe in der Wohngemeinschaft herrscht. Außerdem kommt es oft zur Eskalation, wenn er aus der Schule kommt.

Eine Vermutung über die auslösenden Ereignisse zu äußern ist einfacher als bei den hintergründigen Faktoren, vor allem deshalb, weil zwischen Ursache und Symptom ein unmittelbarer Zusammenhang besteht. Eine Interpretation in Richtung der hintergründigen Faktoren im Fall von Lukas könnte lauten:

Lukas zeigt das beschriebene Verhalten dann gehäuft, wenn ein Besuch bei seinen Eltern ansteht. Er scheint dadurch stark verunsichert zu sein. Außerdem schläft er schlecht. Er ist in der Nacht häufig wach und ist deshalb gereizt und hat eine niedrige Frustrationstoleranz.

Wenn das Symptom und die vermuteten auslösenden Faktoren und die hintergründig wirkenden Ereignisse auf diese Art und Weise zusammengetragen werden und sich alle Mitglieder des Teams auf eine Formulierung des Symptoms und die vermuteten Ursachen geeinigt haben, ist es sinnvoll, dies schriftlich zu fixieren. Das könnte wie folgt aussehen:

Symptom-beschreibung	Auslösende Faktoren	Hintergründige Ereignisse
Lukas beschimpft den Mitarbeiter und schreit ihn an: „Du Blödmann! Du Sack!" Gleichzeitig spuckt er in dessen Richtung. Kurze Zeit später (ca. 5 Sekunden) fängt er an, mit dem rechten Fuß nach dem Mitarbeiter zu treten und mit der flachen Hand in Richtung dessen Brust zu schlagen.	1.) Anforderungen an Lukas, die unerwartet für ihn kommen 2.) große Unruhe in der Wohngemeinschaft 3.) Übergangszeit wenn Lukas mittags von der Schule in die Wohngemeinschaft kommt	1.) bevorstehender Besuch bei seinen Eltern (Verunsicherung) 2.) Lukas schläft schlecht, ist deshalb oft gereizt und hat eine niedrige Frustrationstoleranz

Der nächste Schritt ist die Formulierung eines Zieles. Das ist von großer Wichtigkeit und Bedeutung. Ein ‚weg von' dem Problemzustand ist in keinster Weise ausreichend. Dies wird deutlich, wenn man Sie sich das folgende Beispiel anschaut:

Der Jahresurlaub von Herrn Meier steht bevor, und er begibt sich in ein Reisebüro, da er gerne seine gewohnte Umgebung verlassen möchte, um etwas anderes zu sehen und den Kopf frei zu bekommen. Er geht also in das Reisebüro und teilt der jungen Dame hinter dem Tresen mit, dass er dieses Mal seinen Urlaub außerhalb Deutschlands verbringen möchte.

Genau an diesem Punkt stehen Sie, wenn die Problembe-
stimmung abgeschlossen ist. Sie wissen, was Sie <u>nicht</u>
(mehr) möchten oder wo Sie nicht sein wollen. Die Zielbe-
stimmung widmet sich der Frage, wo Sie hin möchten. Am
Ende dieser Phase steht eine positive Zielformulierung.

Hierbei ist es hilfreich, das Ziel so zu formulieren, dass es
den SMART-Kriterien entspricht. Mittlerweile ist dieser
Ausdruck den meisten in der Behindertenhilfe Tätigen ge-
läufig, da auch Ziele in Hilfe- oder Gesamtplänen nach
diesen Kriterien formuliert werden. Im NLP werden Ziele,
die die SMART-Kriterien erfüllen, als wohlgeformte Ziele
bezeichnet.

SMART ist ein Akronym. Jeder Buchstabe steht für ein
Kriterium.

S = Spezifisch

M = Messbar

A = Attraktiv

R = Realistisch

T = Terminiert

Die Punkte bedeuten im Einzelnen:

S = Spezifisch

Das Ziel sollte (sinnes-)spezifisch sein. Das bedeutet, dass konkret festgelegt sein muss, was der geistig beeinträchtigte Mensch bzw. Sie oder die Menschen in seiner Umgebung sehen, hören, fühlen, usw., wenn das Ziel erreicht ist. Das Ziel sollte möglichst genau, präzise und eindeutig beschrieben sein.

- Pascal handelt selbstbewusst.

+ Pascal setzt in Konfliktsituationen seine Bedürfnisse gegenüber seinen Mitbewohnern durch, indem er verbal deutlich macht, dass er der Meinung ist, dass er Recht hat.

M = Messbar

Das Ziel sollte messbar und überprüfbar sein. Am leichtesten ist die Messbarkeit zu benennen bei exakt zu ermittelnden Größen. Jemand möchte 5 kg abnehmen oder zweimal wöchentlich für eine Stunde das Fitnessstudio aufsuchen. Im sozialen Bereich hat man es immer wieder mit Zielen zu tun, die nur schwer quantifizierbar darzustellen sind. Umso wichtiger ist es, bestimmte Indikatoren zu benennen, an denen gemessen werden kann, ob das Ziel erreicht ist. Wichtig ist, dass das Ziel nicht als Vergleich formuliert ist, da dann keine Messbarkeit möglich ist. Fragewörter, die hierbei helfen können, sind: wer macht was, wann, wie oft, ...

-   Helmut raucht weniger.

+   Helmut raucht täglich 3 Zigaretten: eine morgens vor der Arbeit, eine in der Mittagspause und eine abends nach dem Abendessen.

A = Attraktiv

Das dritte Kriterium eines wohlgeformten Ziels ist seine Attraktivität. Dieser Punkt stellt den geistig beeinträchtigten Menschen in den Mittelpunkt. Das Ziel sollte für ihn attraktiv und erstrebenswert sein. Wie oft formulieren Betreuer Ziele, die nicht den Bedürfnissen des beeinträchtigten Menschen entsprechen. Dieser Punkt beinhaltet auch die Forderung nach einer positiven Formulierung des Ziels. Es geht also darum, wohin sich der beeinträchtigte Mensch bewegen möchte (im Gegensatz zu ,weg von').

-   Sascha zerreißt keine Kleidungsstücke, wenn er innerlich unruhig ist weniger.

+   Sascha geht entweder spazieren oder fährt Fahrrad, wenn er innerlich unruhig ist.

R = Realistisch

Das Ziel sollte realistisch sein. Es wird so formuliert, dass es innerhalb eines überschaubaren Zeitrahmens zu erreichen ist. Besonders in der Behindertenhilfe ist es wichtig, sich selbst und den Klienten nicht durch zu hoch gesteckte

Ziele zu überfordern und dadurch zu frustrieren. Ziele sollten deshalb – wenn nötig – in Teilziele zerlegt werden, damit sie innerhalb eines überschaubaren Zeitraums erreicht werden können. Soll z.B. ein beeinträchtigter Mensch lernen, über seine Ängste zu sprechen, anstatt wie bisher fremdaggressive Verhaltensweisen zu zeigen, macht es evtl. Sinn, dieses Fernziel in mehrere Nahziele zu unterteilen.

Kurt lässt sich durch die Mitarbeiter innerhalb von 5 min. beruhigen.

Kurt spricht, nachdem er sich beruhigt hat, über seine Ängste.

Kurt erkennt selber, wenn Ängste ihn bedrücken.

Kurt sagt den Mitarbeitern Bescheid, wenn er Angst hat.

-   Oliver hält sich während der Mahlzeiten an alle vorhandenen Tischregeln.

+   Oliver sagt Bescheid, wenn er etwas haben möchte, was nicht in seiner Reichweite steht.

T = Terminiert

Des Weiteren sollte das Ziel terminiert sein. Wann soll das Ziel bzw. das Teilziel erreicht sein? Wann findet eine Überprüfung der Zielerreichung statt?

- Uli nimmt 10 kg ab.

+ Uli nimmt jeden Monat 2 kg ab, so dass er in 5 Monaten sein Idealgewicht erreicht hat.

Entspricht eine Zielformulierung diesen fünf Kriterien, dann ist damit der Grundstein für eine sinnvolle Arbeit mit dem beeinträchtigten Menschen gelegt.

Nun zurück zu Lukas. Ein Ziel für ihn könnte wie folgt aussehen:

Lukas ist in 6 Monaten in der Lage, den Mitarbeiter anzuschreien „Lass mich in Ruhe", und zieht sich dann in sein Zimmer oder in seine Lieblingsecke des Gartens zurück.

Dieses Ziel entspricht den SMART-Kriterien.

S = Spezifisch: Lukas' Verhalten ist konkret beschrieben: Er schreit den Mitarbeiter an „Lass mich in Ruhe". Danach zieht er sich in sein Zimmer oder in seine Lieblingsecke des Gartens zurück.

M = Messbar: Es ist messbar, ob das Ziel erreicht ist. Zeigt Lukas das neue Verhalten, ist das Ziel erreicht. Zeigt er es nicht, muss weiter an dem Ziel gearbeitet oder es evtl. verändert werden.

A = Attraktiv: Das Ziel ist positiv formuliert, und es ist

davon auszugehen, dass dieses Ziel in Lukas' Interesse liegt. Es trägt dazu bei, dass er mehr positive Erfahrungen mit den Mitarbeitern machen kann als bisher.

R = Realistisch: Das Ziel ist realistisch. Es handelt sich hierbei um ein Teilziel, welchem andere Teilziele folgen werden. Lukas soll nicht sein komplettes Verhalten ändern, sondern lediglich das Verhalten in einem ganz bestimmten Teilbereich. Er kann vorerst noch immer schreien (verbale Aggression ist also weiterhin erlaubt, die körperlichen Übergriffe sollen unterbleiben).

T = Terminiert: Das Ziel soll in 6 Monaten erreicht sein.

Bei der Formulierung des Ziels ist es wichtig, sich ausschließlich auf das beobachtbare Verhalten zu beziehen. Sicherlich wären andere weitergehende Zielformulierungen möglich. Wenn das Ziel jedoch zu weit formuliert ist, dann besteht die Gefahr, sich zu verzetteln. Zunächst wurde der Problemzustand, in diesem Fall Lukas' Verhalten formuliert. Der Zielzustand wird für genau diese Situation entwickelt. Hiermit sind die Bestandsaufnahme und die Zielplanung für die Ebene des Verhaltens abgeschlossen.

Die Umwelt

Auf der Ebene der Umwelt richtet sich der Blick auf die Umweltbedingungen, die dazu beitragen, dass der beeinträchtigte Mensch das Problemverhalten zeigt, und auf die Ressourcen und die Stärken der Umwelt. Zu welchen Zeiten, an welchen Orten und durch welche Umstände neigt er besonders dazu, so zu handeln, wie dies auf der Verhaltensebene beschrieben wurde? Diese Sichtweise trägt dazu bei, die Verantwortung für das Problemverhalten nicht ausschließlich beim beeinträchtigten Menschen zu sehen, sondern auch in der Umwelt, die ihn umgibt.

Zum Anderen stellen sich z.B. die Fragen: Zu welchen Zeiten zeigt der beeinträchtigte Mensch das Symptomverhalten nicht oder in abgeschwächter Form? Während welcher Tätigkeiten zeigt er es nicht? Bei welchem Mitarbeiter verläuft der Kontakt besser? Oft ist der Blick durch die Beschäftigung mit dem Problemverhalten eingeschränkt, und es fällt schwer zu sehen, dass häufig über lange Zeiten des Tages das Symptomverhalten nicht gezeigt wird. Umso wichtiger ist es, diese Ressourcen- und Stärkenperspektive bewusst einzunehmen und zu nutzen. Am Beispiel von Lukas könnte dies folgendermaßen aussehen:

Zeiten/Orte/Tätigkeiten/..., die dazu beitragen, dass das Symptom verstärkt auftritt:

1. In den letzten 2-3 Tagen vor dem Besuch bei seinen Eltern

2. Wenn der Mitarbeiter Herr Müller im Dienst ist

3. Wenn Lukas Aufgaben im Gemeinschaftsbereich, z.B. das Fegen der Küche, übernehmen soll

4. Beim Übergang von der Schule in die Wohngemeinschaft

5. Wenn er zum Arzt gehen muss

Zeiten/Orte/Tätigkeiten/..., die _frei_ vom Symptom sind:

1. Wenn Lukas mit Klaus, einem Mitbewohner aus der Wohngemeinschaft, spielt

2. Am Wochenende tritt Lukas' Problemverhalten seltener auf als wochentags

3. Wenn Lukas beim Kochen mithelfen darf

4. Bei seinen Eltern zeigt Lukas das Verhalten nur sehr selten

5. Wenn Lukas große Teile des Nachmittags mit einem Mitarbeiter in einer Eins-zu-eins-Situation verbringen kann

Nach der Bestandsaufnahme auf der Umweltebene werden Ziele für diese Ebene formuliert. Sie beziehen sich auf beide Bereiche: Auf die Zeiten, Orte und Tätigkeiten, die frei vom Symptom sind und die Umweltfaktoren, die dazu beitragen, dass es verstärkt auftritt. Im Fall von Lukas könnte dies wie folgt dargestellt werden:

Zielplanung: Zeiten/Orte/Tätigkeiten

1. In den letzten 2-3 Tagen vor dem Besuch bei seinen Eltern erhält Lukas besondere Zuwendung, und zwar dadurch, dass diese Zeit für ihn strukturiert wird, um seine emotionale Unsicherheit aufzufangen.

2. Der Übergang von der Schule in die Wohngemeinschaft wird so gestaltet, dass Lukas genau weiß, was
ihn erwartet.

3. Lukas wird gezielt beim Kochen miteinbezogen und
bekommt dort Verantwortung für bestimmte Teilbe-
reiche übertragen.

4. Lukas bekommt gezielte Zuwendung in Form von
Eins-zu-Eins-Betreuung mindestens 3x pro Woche
für etwa 15 Minuten.

5. Lukas übernimmt nur dann Aufgaben im Gemeinschaftsbereich, wenn er Lust dazu hat.

Die Fähigkeiten

Als Nächstes erfolgt die Betrachtung der Fähigkeiten des
beeinträchtigten Menschen. NLP geht davon aus, dass jede
Fähigkeit und jedes Verhalten in irgendeinem Kontext
nützlich ist. Die „Vorgehensweise, in der eine Tatsache,
ein Zusammenhang, ein Verhalten oder ein Problem in
einer anderen Art und Weise oder in einem anderen Rahmen wahrgenommen wird und damit eine neue Bedeutung
erhält" (Mohl, 2006, S. 196), wird als **Reframing** bezeichnet. Die Frage in diesem Zusammenhang lautet: Welche
Fähigkeiten besitzt der beeinträchtigte Mensch, damit er
das Problemverhalten zeigen kann? Des Weiteren werden
Fähigkeiten gesammelt, über die der beeinträchtigte
Mensch unabhängig von diesem Verhalten verfügt, um
den Blick zu weiten und den Menschen ganzheitlich zu
betrachten.

Fähigkeiten von Lukas, die durch das ‚Problemverhalten'
sichtbar werden:

1. Lukas hat seine eigene Meinung/seinen eigenen Willen.

2. Lukas kann dem Mitarbeiter zeigen, was er möchte und was nicht.

3. Lukas ist in der Lage, Verunsicherung/Überforderung zu zeigen.

4. Lukas kann sich wehren (schlagen/treten/spucken).

5. Lukas kann sich verbal ausdrücken.

Weitere Fähigkeiten von Lukas:

1. Lukas kann gut kochen.

2. Lukas ist sportlich (schnell rennen/Fußball spielen).

3. Lukas übernimmt Verantwortung für schwerer beeinträchtigte Mitbewohner (er schiebt Sebastian im Rollstuhl zur Schule).

4. Lukas kann sich über lange Zeiträume selbst beschäftigen und spielt dann sehr phantasievolle Rollenspiele.

5. Lukas kann gut teilen und abgeben. Wenn er z.B. von seinen Eltern Schokolade geschenkt bekommen hat, bietet er seinen Mitbewohnern regelmäßig etwas davon an.

Identität/Werte/Glaubenssätze/Überzeugungen

Für die Erstellung des Konzeptes ist es sinnvoll, bei diesem Bereich zwischen förderlichen und hinderlichen Glaubenssätzen und Identitätsvorstellungen des beeinträchtigten Menschen zu unterscheiden. Fragen, die hier handlungsleitend sein können, lauten: Welche Glaubenssätze hat der Mensch über sich und die ihn umgebende Welt und seine Mitmenschen, die für ihn förderlich und hilfreich sind? bzw. die für ihn hinderlich sind?

Alle Glaubenssätze, die als förderlich eingestuft werden, bleiben so, wie sie sind und müssen nicht verändert werden. Hier geht es später bei der Maßnahmenplanung vielmehr darum, wie sie unterstützt und gefördert werden können. Bei den einschränkenden und hinderlichen Glaubenssätzen ist es notwendig, einen neuen förderlichen Glaubenssatz zu formulieren, der den alten ersetzt. Hat jemand z.B. den Glaubenssatz ‚Ich habe keine Freunde, weil mich niemand mag.', könnte der neue Zielsatz lauten ‚Ich habe einige wirklich gute Freunde, die mich gerne mögen.'

Glaubenssätze von Lukas über sich und die ihn umgebende Welt, die für ihn <u>förderlich</u> sind:

1. Ich habe schon viele Freunde in der Wohngemeinschaft gefunden. Die anderen Kinder finden mich gut und mögen mich.

2. Ich bin sportlich.

3. Wenn ich beim Kochen gut mithelfe, loben mich die Betreuer.

4. Wenn ich den Betreuern etwas erzähle, hören sie mir zu.

5. Ich helfe gerne den anderen Kindern und kann das gut.

Glaubenssätze von Lukas über sich und die ihn umgebende Welt, die für ihn <u>hinderlich</u> sind:

1.	Papa und Mama haben mich nicht mehr lieb und haben mich deshalb in die Wohngemein-schaft gesteckt.
Zielsatz:	Papa und Mama haben mich ganz doll lieb, sie schaffen es aber nicht, mich zu betreuen.

2.	Die Betreuer finden mich doof, weil ich immer ausraste.
Zielsatz:	Die Mitarbeiter mögen mich, ganz egal, wel-ches Verhalten ich zeige.

3.	Wenn ich in der Wohngemeinschaft viele Din-ge kaputt mache und die Mitarbeiter schlage, schicken die mich nach Hause, und ich kann wieder bei meinen Eltern leben.
Zielsatz:	Ich bleibe in der Wohngemeinschaft wohnen, egal wie ich mich verhalte.

4.	Papa und Mama interessiert nicht, wie es mir geht.
Zielsatz:	Papa und Mama ist es wichtig, dass es mir gut geht.

5.	Ich bin schlecht in der Schule.
Zielsatz:	In Werken bin ich gut, in Mathe brauche ich noch Hilfe.

An diesem Punkt sind die Bestandsaufnahme und die Zielplanung abgeschlossen. Es ist damit festgehalten, von welchem Ausgangspunkt zu welchem Zielpunkt man sich bewegen möchte. Herr Meier weiß also jetzt – um das Bild des Urlaubs zu benutzen –, dass er dieses Jahr seinen Urlaub nicht in Deutschland, sondern 10 Tage in Venedig in Italien verbringen möchte. Er will dort kulturell einiges erleben und auch ein paar Tage zum Ausspannen haben. Soweit so gut. Der nächste Schritt bei der Erstellung des Konzeptes ist die Beschäftigung mit dem Weg, um vom derzeitigen Problemzustand zum definierten Ziel zu gelangen. Im Beispiel des Urlaubs könnte dies entweder das Flugzeug, das Auto oder auch der Zug sein. In der Arbeit mit dem geistig beeinträchtigten Menschen lautet die Frage: Welcher Weg soll gegangen, welche Methoden und Maßnahmen sollen angewendet werden, um das Ziel zu erreichen?

4.3.2 Die Maßnahmenplanung

Im S.C.O.R.E.-Modell entspricht die Planung der Maßnahmen den Ressourcen. Welche Ressourcen müssen aktiviert, welche pädagogischen Interventionen durchgeführt werden, um vom gegenwärtigen Zustand zum Ziel zu kommen? Auch hier ist es sinnvoll – ähnlich wie bei der Bestandsaufnahme und Zielformulierung –, sich jede Ebene einzeln anzuschauen, um so gezielt für jede Ebene einen möglichen Weg zu finden.

Die Umwelt

Die Umwelt bezieht sich auf alle Faktoren, die den geistig beeinträchtigten Menschen tagtäglich umgeben. Dies sind räumliche, zeitliche und personelle Faktoren. Bei allen Veränderungen und Modifikationen, die auf dieser Ebene vorgenommen werden, verändert sich lediglich das Umfeld. Der beeinträchtigte Mensch lernt hierdurch nichts Neues. Die Modifikation der Umwelt ist aber sinnvoll und notwendig, da sie ein Lernen häufig erst ermöglicht. Außerdem sind Veränderungen auf der Umweltebene häufig sehr schnell zu realiseren.

Wer kann sich nicht an Schulstunden erinnern, an die zehnte Stunde nachmittags zwischen 16:45 und 17:30 Uhr direkt nach dem Sportunterricht. Der Raum ist zu klein und muffig, und der Lehrer hält einen Monolog über die neuen französischen Vokabeln. In dieser Stunde hat man eher wenig gelernt. Eine Französischstunde kann ganz anders aussehen: in der dritten Stunde, man ist ausgeschlafen und kommt in einen Raum, der ansprechend gestaltet ist. Der Lieblingslehrer erklärt etwas Neues und lässt das eben Gelernte direkt in die Praxis umsetzen. In dieser Stunde wird man aller Wahrscheinlichkeit nach deutlich mehr lernen. In diesem Sinne kommt der Gestaltung der Umgebung ein nicht unerheblicher Stellenwert zu.

Fragen, die bei der Veränderung der Umgebung gestellt werden können, sind: Wie kann eine Situation gestaltet werden, so dass der beeinträchtigte Mensch ein Problemverhalten nicht zeigen muss? Dies kann die Veränderung der räumlichen Gegebenheiten betreffen (Sitzordnung, Raumaufteilung, ...), aber auch die Veränderung von Anforderungen. Welche Anforderungen können modifiziert oder evtl. vermieden bzw. in einen anderen Zusammenhang gestellt werden? Es bestehen meist viele Möglichkeiten, die zeitliche Struktur und Abläufe zu verändern und transparenter zu gestalten. Erlaubt ist alles, was nützt, um vom Problem zum Ziel zu kommen. Es kann z.B. sinnvoll sein, mit Plänen im Sinne der Unterstützten Kommunikation Abläufe zu visualisieren. Auch die Reaktionen der Mitarbeiter auf das Symptomverhalten sollten betrachtet werden. Welche Reaktionen und evtl. Konsequenzen sind sinnvoll und förderlich? Welche tragen eher dazu bei, das Verhalten zu manifestieren? Wichtig ist hierbei, die in der Bestandsaufnahme gesammelten Informationen mit einzubeziehen. Durch welche Maßnahmen können die symptomfreien Zeiten/Orte/Tätigkeiten ausgebaut, die symptombelasteten Zeiten/Orte/Tätigkeiten minimiert werden? Durch welche Umweltfaktoren werden die auf der Ebene der Umwelt formulierten Ziele erreicht?

A)   **Räumliche Faktoren**

---

1.   Lukas' Zimmer und seine Lieblingsecke im Garten werden mit ihm gemeinsam gestaltet, so dass er beides als Rückzugsort positiv erleben kann.

B)   **Zeitliche Faktoren (Zeiteinteilung, andere Reihenfolge, Strukturierung, ...)**

---

1.   Der Übergang von der Schule in die Wohngemeinschaft wird ritualisiert, so dass er jeden Tag gleich abläuft, damit Lukas größtmögliche Sicherheit hat. Der Ablauf wird zusammen mit ihm erarbeitet und anhand eines Planes mit

Bildern für die einzelnen Schritte des Ablaufs visualisiert.

2.	Der Ablauf am Abend wird ritualisiert, so dass es Lukas besser gelingt, zur Ruhe zu kommen und besser zu schlafen.

C)	**Personale Faktoren (Gruppenzusammensetzung, Mitarbeiter, ...)**

1.	Wenn Lukas samstags nach Hause fährt, erhält er ab Mittwoch tgl. 15 Minuten in einer Eins-zu-eins-Situation die Möglichkeit, mit einem Mitarbeiter spielerisch über den bevorstehenden Besuch zu sprechen.

2.	Lukas kocht einmal in der Woche für alle das Essen. Ein Mitarbeiter unterstützt ihn hierbei. Es wird im Laufe der Zeit geschaut, welche Schritte des Kochens Lukas eigenverantwortlich als „Chefkoch" gestalten kann.

3.	Ein Mitarbeiter fährt mit Lukas zum Arzt, um mit diesem über Lukas' Schlafprobleme zu sprechen.

D)	**Reaktionen & Konsequenzen, die auf das Symptom folgen**

1.	Die Mitarbeiter handeln paradox: Sie sagen zu Lukas wilde Phantasieschimpfworte „Du Pappnasenheinifrosch" „Du Katzenfutterbauch".

2.	Die Mitarbeiter sagen laut und deutlich „Stopp"

<table>
<tr><td>3.</td><td>Die Mitarbeiter suchen mit Lukas das Gespräch, nachdem er sich beruhigt hat und forschen gemeinsam mit ihm nach dem Grund für sein Verhalten.</td></tr>
</table>

Das Verhalten

Bei der Bestandsaufnahme wurden das als problematisch eingestufte Verhalten angeschaut und mögliche Ursachen benannt. Außerdem wurde im Rahmen der Zielplanung ein Ziel formuliert. Bei den Maßnahmen auf der Ebene des Verhaltens geht es um die Frage: Welche Interventionen tragen dazu bei, dass der beeinträchtigte Mensch das Ziel erreicht bzw. sich diesem nähern kann? Welche Verhaltensweisen muss er evtl. neu erlernen, und wie kann dies geschehen? Gibt es alternative Verhaltensweisen, die für ihn funktional äquivalent sind, sprich dieselbe Funktion wie das Problemverhalten erfüllen, aber sozial verträglicher sind? (vgl. Theunissen, 2008, S. 86)

<table>
<tr><td>1.</td><td>Die Mitarbeiter besprechen mit Lukas sein Verhalten und vereinbaren mit ihm die folgende Regel: Wenn Du etwas nicht machen möchtest, dann schrei uns an „Lass mich in Ruhe!" Zeigt Lukas das Verhalten, wird er gelobt.</td></tr>
</table>

<table>
<tr><td>2.</td><td>Die Mitarbeiter geben Lukas Feedback, in welcher emotionalen Verfassung sie ihn erleben. Das soll ihm die Möglichkeit geben, diese bei sich selbst wahrzunehmen und in einem zweiten Schritt zu verbalisieren.</td></tr>
</table>

| 3. | Der Mitarbeiter gehen in eskalierenden Situationen mit Lukas gemeinsam in sein Zimmer oder in seine Lieblingsecke des Gartens, damit er lernt, dass dies Orte sind, wohin er sich zurückziehen kann. |

Auf der Ebene des Verhaltens ist Ihre Kreativität gefragt. Jeder Mensch ist anders und benötigt andere Maßnahmen und Interventionen. Wichtig hierbei ist, dass alle Strategien sowohl zum beeinträchtigten Menschen als auch zu den Menschen passen, die mit ihm arbeiten.

Die Fähigkeiten

Auf der Ebene der Fähigkeiten wurde bei der Bestandsaufnahme geschaut, welche Fähigkeiten der beeinträchtigte Mensch besitzt und wo Ressourcen vorhanden sind. Wie können diese Fähigkeiten gefördert, weiter ausgebaut und erweitert werden? Welche Hobbies hat der Mensch, welchen Tätigkeiten ist er evtl. in der Vergangenheit mit Freude nachgegangen, die heute in Vergessenheit geraten sind? Welche seiner Fähigkeiten kann er zum Wohl der Gemeinschaft einbringen und hierdurch einen Gewinn an Selbstwertgefühl erfahren? Der Unterschied zu den Interventionen auf der Ebene des Verhaltens liegt darin, dass sich die hier genannten Maßnahmen weniger auf das Problemverhalten, sondern mehr auf den Menschen als Ganzes beziehen.

1.	Ein Mitarbeiter fährt einmal wöchentlich mit Lukas zum Fußballtraining der Jugendmannschaft in den Nachbarort.
2.	Mit Lukas zusammen wird überlegt, in welchen Bereichen er Verantwortung für schwerer beeinträchtigte Mitbewohner übernehmen kann (evtl. nachmittags beim Spielen).
3.	Lukas wird ermutigt, bestimmte Mitbewohner in seine phantasievollen Rollenspiele mit einzubeziehen.

Identität/Werte/Glaubenssätze/Überzeugungen

Die Ebene der Identität, Werte, Glaubenssätze und Überzeugungen wird bei der Maßnahmenplanung ähnlich wie in der Bestandsaufnahme in zwei Unterpunkte unterteilt: einerseits in Maßnahmen zur Verstärkung der förderlichen Glaubenssätze und andererseits in Maßnahmen zur Veränderung von hinderlichen Glaubenssätzen. Wie können die bereits vorhandenen positiven Glaubenssätze verstärkt werden? Welche Maßnahmen können eingeleitet werden, damit die hinderlichen Glaubenssätze des beeinträchtigten Menschen über sich selbst und die Welt sich in Richtung der formulierten Zielsätze entwickeln?

Maßnahmen zur Verstärkung der <u>förderlichen</u> Glaubenssätze:

---

1.   Nachmittags werden gezielt Situationen geschaffen, in denen Lukas ungestört mit seinen Mitbewohnern spielen kann, um seine Freundschaften zu intensivieren.

---

2.   Lukas werden im Alltag der Wohngemeinschaft kleine sportliche Wettkämpfe (Wettrennen mit Mitarbeiter, ...) angeboten. Er wird dann für seine Sportlichkeit gelobt.

Maßnahmen zur Veränderung der <u>hinderlichen</u> Glaubenssätze:

---

1.   Es wird ein Gespräch mit den Eltern von Lukas geführt, in dem die emotionale Unsicherheit von Lukas thematisiert wird.

---

2.   Nach Situationen, in denen Lukas „ausgerastet" ist, sucht der betroffene Betreuer das Gespräch mit Lukas und erklärt ihm, dass zwar sein Verhalten nicht o.k. war, er ihn aber trotzdem gern hat.

4.3.3 Effects/Ökologiecheck

Nachdem alle Ebenen bearbeitet und die Hilfestellungen und die Interventionen benannt sind, wird der sog. Ökologiecheck durchgeführt. Hierbei beschäftigt man sich mit der Frage, ob sich aus dem Erreichen der angestrebten Ziele und den Veränderungen auf den unterschiedlichen Ebenen Probleme oder Schwierigkeiten ergeben können. Es wird überprüft, „welche Auswirkungen sich im Leben ergeben werden und ob der Betreffende bereit ist, die Konsequenzen zu tragen." (Krusche, 1998, S. 61) Dies ist von großer Bedeutung, da Veränderungen nur dann von Dauer sein werden, wenn sie nicht zu neuen Problemen führen.

Nachwort

Liebe Leserin, lieber Leser,

ich möchte Ihnen an dieser Stelle danken, dass Sie sich die Zeit genommen haben, dieses Büchlein zu lesen. Ich hoffe, Sie haben einige neue Impulse erhalten und haben nun Lust, die beschriebenen Grundhaltungen, Techniken und Strukturen in Ihrer Arbeit auszuprobieren.

Vor allem wünsche ich Ihnen, dass Sie auch weiterhin neugierig auf die kommenden Herausforderungen blicken und mit einer gewissen Leichtigkeit den Kontakt zu den geistig beeinträchtigten Menschen, mit denen Sie arbeiten, gestalten können.

Stefan Mantel

Literaturverzeichnis

Andreas & Andreas (1985): *Einführung*, in: Bandler & Grinder: *Reframing. Ein ökologischer Ansatz in der Psychotherapie (NLP)*, Paderborn: Junfermann

Blickhan (1996): *Mit Kindern wachsen*, Paderborn: Junfermann

Bohn (2004): *NLP im Arzt-Patienten-Gespräch. Theorie, Praxis und Effekte*, Köln

Dörner und Plog (2000): *Irren ist menschlich*, Bonn: Psychiatrie-Verlag

DVNLP e.V. (2006): *Denkweisen - Der offizielle NLP-Guide*, Berlin

Hargens (2003): *Bitte nicht helfen! Es ist auch so schon schwer genug*, Heidelberg: Carl-Auer-Systeme Verlag

Kourilsky (2007): *Freude am Wandel*, Bern: Hans-Huber Verlag

Kraft (2003): *NLP Handbuch für Anwender*, Paderborn: Junfermann

Krusche (1998): *Der Frosch auf der Butter*, Düsseldorf: Econ Taschenbuch Verlag

Kutschera (2007): *Tanz zwischen Bewußt-sein und Unbewußt-sein*, Paderborn: Junfermann

Mohl (2006): *Der große Zauberlehrling*, Paderborn: Junfermann

O´Connor & Seymor (1999): *Neurolinguistisches Programmieren: Gelungene Kommunikation und persönliche Entfaltung*, Kirchzarten bei Freiburg: VAK Verlags GmbH

Schulz von Thun (1998): *Miteinander Reden 1 + 2*, Reinbeck bei Hamburg: Rowohlt Taschenbuch Verlag GmbH

Theunissen (2008): *Positive Verhaltensunterstützung*, Marburg: Lebenshilfe-Verlag

Watzlawick (2009): *Anleitung zum Unglücklichsein. Vom Schlechten des Guten*, München: Piper

Watzlawick, Beavin, Jackson (2007): *Menschliche Kommunikation. Formen, Störungen, Paradoxien*, Bern: Huber

Internetadressen

http://de.wikipedia.org/wiki/Wahrnehmung

http://de.wikipedia.org/wiki/Radikaler_Konstruktivismus

http://de.wikipedia.org/wiki/Interpretation

http://www.philognosie.net/index.php/article/articleview/307

http://nlpportal.org/nlpedia/wiki/SCORE

Arbeitsblätter zur Konzeptentwicklung

Konzept für _____ geb. _____

Erstellt am _____

Bestandsaufnahme	Ziel	Maßnahmen

Identität/Werte/Glaubenssätze/Überzeugungen

Bestandsaufnahme	Ziel	Maßnahmen
10 hinderliche Glaubenssätze	11 veränderte Identität und Glaubenssätze	16 Maßnahmen zur Veränderung
9 förderliche Glaubenssätze		15 Maßnahmen zur Verstärkung

Fähigkeiten

Bestandsaufnahme	Ziel	Maßnahmen
8 weitere Fähigkeiten		14 Maßnahmen zur Verstärkung und Förderung
7 Fähigkeiten, die durch das Symptom sichtbar werden		

Verhalten

Bestandsaufnahme	Ziel	Maßnahmen
2 auslösende Faktoren & hintergründige Ereignisse	3 Ziel bzgl. des Verhaltens	13 Maßnahmen
1 Symptom		

Umwelt

Bestandsaufnahme	Ziel	Maßnahmen
5 konfliktfreie Zeiten, Orte, Tätigkeiten	6 Ziel bzgl. der Gestaltung der Umwelt	12 Maßnahmen zur Veränderung
4 konfliktträchtige Zeiten, Orte, Tätigkeiten		

Bestandsaufnahme und Zielformulierung
(Verhalten)

Symptom-beschreibung	Auslösende Faktoren	Hintergründige Ereignisse
Gegenwart	Vergangenheit (unmittelbarer Zusammenhang)	Vergangenheit (mittelbarer Zusammenhang)

Ziel bzgl. des Verhaltens (nach SMART-Kriterien)

_____

_____

_____

_____

Bestandsaufnahme und Zielformulierung
(Umwelt)

Zeiten/Orte/Tätigkeiten/..., die dazu beitragen, dass das Symptom **verstärkt** auftritt:

1. _____
2. _____
3. _____
4. _____
5. _____

Zeiten/Orte/Tätigkeiten/..., die **frei** vom Symptom sind:

1. _____
2. _____
3. _____
4. _____
5. _____

Ziele für die Ebene der Umwelt:

1. _____
2. _____
3. _____
4. _____
5. _____

Bestandsaufnahme und Zielformulierung
(Fähigkeiten)

Fähigkeiten des beeinträchtigten Menschen, die durch das ‚Problemverhalten' sichtbar werden:

1. _____

2. _____

3. _____

4. _____

5. _____

Weitere Fähigkeiten des beeinträchtigten Menschen:

1. _____

2. _____

3. _____

4. _____

5. _____

Bestandsaufnahme und Zielformulierung
(Identität/Glaubenssätze/
Werte/Überzeugungen)

Glaubenssätze und Überzeugungen des beeinträchtigten Menschen über sich und die ihn umgebende Welt, die **förderlich** sind:

1. _____
2. _____
3. _____
4. _____
5. _____

Glaubenssätze und Überzeugungen des beeinträchtigten Menschen über sich und die ihn umgebende Welt, die **hinderlich** sind:

1. _____
Zielsatz: _____
2. _____
Zielsatz: _____
3. _____
Zielsatz: _____
4. _____
Zielsatz: _____
5. _____
Zielsatz: _____

Maßnahmenplanung
(Umwelt)

A) Räumliche Faktoren
1. _____
2. _____
3. _____

B) Zeitliche Faktoren (Zeiteinteilung, andere Reihenfolge, Strukturierung, ...)
1. _____
2. _____
3. _____

C) Personale Faktoren (Gruppenzusammensetzung, Mitarbeiter, ...)
1. _____
2. _____
3. _____

D) Reaktionen und Konsequenzen, die auf das Symptom folgen
1. _____
2. _____
3. _____

Maßnahmenplanung
(Verhalten)

Maßnahmen zur Veränderung des Verhaltens und zur Erreichung des Verhaltensziels:

1. _____

2. _____

3. _____

4. _____

5. _____

Maßnahmenplanung
(Fähigkeiten)

Maßnahmen zur Förderung, Erweiterung und zum Ausbau
der Fähigkeiten:

1. _____

2. _____

3. _____

4. _____

5. _____

Maßnahmenplanung
(Identität/Glaubenssätze/
Werte/Überzeugungen)

Maßnahmen zur Verstärkung der **förderlichen** Glaubenssätze und Überzeugungen:

1. _____
2. _____
3. _____
4. _____
5. _____

Maßnahmen zur Veränderung der **hinderlichen** Glaubenssätze und Überzeugungen:

1. _____
2. _____
3. _____
4. _____
5. _____

Ökologiecheck

Wenn man sich vorstellt, dass die Ziele erreicht sind - folgende Probleme könnten sich daraus ergeben:

1. _____
2. _____
3. _____
4. _____
5. _____

Wie kann man ihnen vorbeugen bzw. Mit ihnen umgehen?

1. _____
2. _____
3. _____
4. _____
5. _____

Überprüfung der Ziele und Maßnahmen am: _____

Die Arbeitsblätter können Sie sich als Leser dieses Buches kostenlos im DIN A4-Format herunterladen unter:

www.best-option.de/nlp-in-der-arbeit-mit-geistig-behinderten-menschen

ÜBER DEN AUTOR

Stefan Mantel ist Sozialarbeiter/-pädagoge, systemisch-lösungsorientierter Supervisor und NLP-Master. Er lebt und arbeitet in Berlin. Viele Jahre war er selbst in Einrichtungen der Behindertenhilfe in unterschiedlichen Positionen tätig. Er unterstützt Teams und deren Leitungen als systemisch-lösungsorientierter Supervisor in Berlin und gibt deutschlandweit Fortbildungen zu Themen in der Behindertenhilfe.

Internet: www.best-option.de
Mail: info@best-option.de